KB176096

귀농·귀촌 가이드북

농촌 가서
뭐하고 살지?

귀농·귀촌 가이드북

농촌 가서 뭐하고 살지?

글로벌교육문화연구원 엮음 | 이진숙 지음

이담 Books

요즈음 귀농과 귀촌에 대하여 도시민들의 관심이 크다. 그러나 막상 귀농이나 귀촌을 실제 행동으로 옮기기란 여간 어려운 것이 아니다. 특히 베이비붐세대(1955~1963년생)들이 은퇴를 하기 시작하면서, 평생직장에서의 경험을 토대로 재취업을 하는 분들도 있지만, 많은 분들이 귀농이나 귀촌을 생각한다. 필자가 이진숙 선생님을 알게 된 것은 오래전 일이다. 이진숙 선생님은 2000년 초반 건강문제로 강원도 화천으로 귀촌하면서 인생이 바뀌게 된다. 귀촌생활과 함께 건강이 호전되었고, 본격적으로 귀농과 귀촌에 관한 연구에 몰입하게 되었다. 거의 매일 일기체 형식으로 글을 쓰며, 창작을 하기에 이른다. 그 무렵 저서 『텃밭』(2010)을 출간하였는데, 귀촌에서의 삶과 친환경화장품, 친환경한방비누·세제 등을 만드는 방법 등을 소개하여 독자들로부터 많은 사랑을 받았다. 이번에 펴내는 『농촌 가서 뭐하고 살지?』라는 책은 또 다른 차원의 글이다. 귀농과 귀촌을 처음 생각하면서 결정하는 과정, 후회하지 않기, 그리고 벤처농업이나 마케팅전략, 자연발효 효소 만들기, 친환경무수(無水) 화장품 등의 내용이 수록된 양서(良書)이다.

아무쪼록 귀농·귀촌을 꿈꾸는 분들, 친환경생활전문가, 평생교육관계자, 일반시민, 학생 등 관심 있는 분들이 이 책을 적극적으로 활용하여, 어머니 품 같은 농촌을 그리며 살았으면 하는 바람을 하면서 이 글을 마친다.

2013년 10월
글로벌교육문화연구원 이사장 **이종석** 識

2000년대 이후 귀농이나 귀촌에 대한 모두의 관심이 커졌다. 정년퇴직을 앞두고 있거나, 자신이나 가족 중에 건강이 좋지 않아서, 또는 안정된 직업을 선택하기 위해서, 아니면 막연히 자연에 기대어 사는 것이 아름다워 보여서 등등 다양한 생각을 하였을 것이다.

현재 우리나라는 과학의 발달과 경제성장으로 인해 보다 풍요롭고 여유로운 생활을 영위하게 되었고, 개인의 수명 또한 길어졌다. 하지만 사회가 발전할수록 사람의 욕망은 끝이 없고, 무한이기주의가 팽배해졌다. 자신의 욕구를 채우려는 경쟁이 치열해지면서 사람들은 정신적으로 많이 피로해져 있고, 이런 경쟁에서 벗어나고자 귀농이나 귀촌을 생각할 수도 있다. 이유나 동기가 어찌되었든 궁극적으로 귀농이나 귀촌 모두 지금까지 살아온 방식보다 더 안정된 생활로 행복한 미래를 엮어가기 위한 희망일 것이다.

이 지면에 나의 귀촌동기를 간략하게나마 말해본다면 나는 2000년 4월 강원도 화천 풍산리라는 산촌으로 귀촌했다.

1985년 어느 일요일 아침이 생각난다. 가내 수공업을 경영하면서 부족한 물량(우리나라는 1990년대 이전에는 모든 생필품이 수요보다 공급이 부족하던 때였다)을 공급하기 위해 직원들이 야근을 강행하면서 수면부족 등 육체적으로 많이 피로해진 그런 일요일 아침이었다. 새파란 나무 울타리를 친 마당 한쪽에 햇빛에 반짝이는 장독대가 있고, 세발자전거를 타고 있는 아이 옆에는 하얀 강아지가 꼬리를 치고, 아이 업은 엄마는 마당가에 매어 놓은 빨랫줄에 빨래를 널고 있는 TV화면을 보고, '저게 사람 사는 모습이야!' 라는 생각이 스쳐 단번에 시골에서 살아야겠다는 결심을 했다. 그날 이후 물 좋고 경치 좋은 곳만 찾아다닌 결과 46세에 토지를 마련하고 53세에 혼자 귀촌생활을 시작했다.

사전 준비 없이 단순히 땅만 있으면 될 것이라고 생각했던 것이 큰 착오였음을 귀촌생활 첫해에 알게 됐다. 농토를 현지인들보다 월등히 고가로 구입하고, 농사지을 밭을 효율적으로 활용하기 위해 어떤 씨앗이 언제 필요하고, 언제 어떤 모종을 옮겨 심어야 할지, 또는 밭을 언제 경운해야 할지……. 그야말로 배터리가 다 떨어져가는 손전등을 믿고 가로등도 없는 캄캄한 밤길을 맞이한 것과 같았다.

하지만 귀촌 삼 년 만에 자연친화적인 농사방법을 시도했다(아마도 가족의 생계유지가 문제였다면 그런 생각을 할 여유도 없었을 것이다). 무경운·무농약·무비료, 즉 三無 농사법이다. 그 결과 콩과 팥 등 두류작물은 무농약과 무비료, 무경운 재배가 가능하다는 것과, 농약 없이는 재배가 불가능하다고 하는 고추 또한 무농약으로 재배할 수 있는 비가림 재배방식을 알아냈다. 시간이 날 때마다 도시생활에서 익힌 천연비누와 천연화장품 만들기에도 열중했다. 또한 장을 담그는 것도 짐작으로 하는 것이 아니라 재료를 계량하여 실습했고, 각종 식용 가능한 식물과 과일을 발효시켜 음료로 실현하는 일도 빼놓지 않았다. 틈틈이 새로운 학문을 터득하기 위하여 사이버대학교에 입문하여 공부도 했다. 이렇게 십여 년 이상 텃밭 농사를 지으면서 연구하며 체험한 것들을 귀농이나 귀촌을 고민하는 분들에게 조금이나마 도움이 되었으면 하는 마음에서 하나도 빠짐없이 적어 보았다.

농촌생활이 다른 이들이 보기에 경제적으로 풍요롭거나 윤택해 보이지는 않겠지만 정서적으로 안정되며 마음이 풍요롭다고 말해주고 싶다. 어떤 경로이든 누구나 이 책을 읽고 생활에 이익이 되고 행복한 미래가 약속되기를 기원하면서 모든 내용을 독자들에게 바친다.

2013년 10월
강원도 화천에서 이진숙

차례

추천의 글 4
책을 내면서 5

제1부
귀농·귀촌 바로 알기

1장 귀농·귀촌을 하기에 앞서… 14
1. 귀농·귀촌 결심하기 15 2. 목적의식 갖기 17
3. 정착지 정하기 19 4. 귀농·귀촌해서 할 수 있는 일 21

2장 귀농 시작하기 23
1. 귀농 시 주의사항 24 2. 귀농에 성공하려면… 25
3. 영농 창업 준비 26

3장 귀촌 시작하기 44

제2부
텃밭 가꾸기

| 1장 | 좋은 토양 만들기 48 |

| 2장 | 자연농법으로 농사짓기 49 |

1. 자연농법의 원칙과 유용성 49   2. 밭 만들기 51
3. 밭 활용하기 53   4. 무경운 작물재배 54

| 3장 | 토양멀칭으로 농사짓기 58 |

1. 밭두둑 쉽게 만들기 59
2. 비닐멀칭으로 재배할 수 있는 작물 61

| 4장 | 텃밭 작물 재배에서 수확까지 62 |

1. 고추 63   2. 콩 74   3. 팥 76   4. 감자 81   5. 고구마 82
6. 야콘 83   7. 들깨 85   8. 참깨 88   9. 김장채소 89

| 5장 | 농촌생활 갈무리 93 |

제3부
귀농 · 귀촌 소일하기

1장　**새싹 기르기**　98

1. 씨앗 활용법 98　2. 새싹용 씨앗 채취하기 102

3. 새싹 기르기 105　4. 새싹 이용하기 108

2장　**나물 캐기**　109

1. 들나물 109　2. 산나물 112

3. 묵나물 116

3장　**유기농 식품 만들기**　118

1. 설탕 발효효소 119　2. 감자녹말 124　3. 복숭아 병조림 125

4. 잼 126　5. 장아찌 127

4장 장 담그기 128

1. 메주 129   2. 간장·된장 130   3. 막장 133
4. 고추장 135   5. 청국장 137

5장 천연비누 만들기 138

1. 천연비누 이해하기 140
2. 천연비누 만들기 146

6장 천연화장품 만들기 172

1. 천연화장품 이해하기 172
2. 천연화장품 만들기 177

부록 198
참고문헌 209

제1부

귀농·귀촌
바로 알기

1장

귀농·귀촌을 하기에 앞서…

가족 중 누구든지 귀농이나 귀촌을 생각하고 있다면 농촌(어·산촌)생활에 대해 여러모로 알아보아야 한다. 농촌생활은 도시생활과는 다르다. 도시에서는 이웃을 모르고 지내는 것이 가능하지만 농촌생활은 그럴 수 없다. 열린 마음을 가져야 하고 목적이 분명해야 한다.

요즘 서울을 비롯해 각 지자체에서는 베이비붐 세대를 대상으로 귀농·귀촌교육을 많이 진행하고 있다. 그러나 막상 교육장에 가 보면 베이비붐 세대뿐만 아니라 20·30대를 종종 보게 되는데 그들을 보면 우리나라의 1960·70년대가 생각난다.

그 시절 각 농·어·산촌에 살던 20·30대들은 자신의 체력 하나만 믿고, 노동력을 무기 삼아 대망의 꿈을 안고 지인을 따라, 친구를 따라 도시로, 서울로 무작정 상경했다. 그들은 밤잠을 선잠으로 양보하며 쉬지 않고 공장이나 공사장 등에서 막일을 하며 돈을 벌어 고향의 부모님께 보내고, 명절이면 선물보따리를 들고 고향에 내려가 친구들을 자극하고, 부모와 동생들을 기쁘게 해줬다. 또한 이 세대들은 동생들의 학비를 마련해 공부시켰고, 결혼해서는 자신들의 자녀를 공부시켜 석·박사를 배출하였으며, 오늘날의 서울을 거대 도시로 팽창시켰고, 대한민국을 경제 대국으로 발전시켰다. 그러나 요즘은 그로 인해 농촌이 쓸쓸해졌다.

1960·70년대에 그들이 대망의 꿈을 안고 도시로 진출했다면, 2000년대는 그 꿈을 안고 20·30대들을 데리고 농·어·산촌으로 향할 때라고 생각된다. 농·어·산촌이 문을 활짝 열고 기다리는 이때, 은퇴 없는 제2의 새로운 세상에 문을 두드려 귀농·귀촌을 생각해 보자. 정말로 생각해 볼 만한 도전이다.

귀농은 농업으로 가족의 생계를 유지하고, 자녀교육 등 일상적인 생활을 영위함과 동시에 경제적 부를 계획하며 생산에 참여하는 삶이다. 반면 귀촌은 일정 수준 이상의 연금이나 도시에서 임대료 등 삶에 불편함을 느끼지 않을 때 경제적으로 안정된 상태에서 선택하는 것이 일반적이다. 이런 경우 여가생활이나 건강을 위해 신선한 먹거리를 자급자족할 목적으로 도시에서 멀지 않은 시골에 텃밭이 있는 집을 마련하여 주말을 이용해 관리하는 경우가 많다. 국민소득이 높은 나라일수록 이런 농촌생활을 선호한다고 한다.

1. 귀농 · 귀촌 결심하기

귀농·귀촌은 '느림의 예술'이다. 귀농이든 귀촌이든 가족과 합의하여 결심하는 단계가 중요하다. 도시에서 필요한 주거환경을 찾아 이사를 하는 것처럼 생각한다면 후회할 일이 생길 수 있다. 합의가 안 될 때는 시일을 두고라도 설득하는 것이 좋다.

　그러나 부부 중 어느 한쪽이 농·어·산촌 생활에 대한 확실한 목표가 있어 진정으로 절실하게 원하기 때문에 가족의 합의를 기다리기 힘든 이도 있을 것이다. 그런 경우라면 후회 없는 삶을 위하여 바로 도전해 보는 것도 좋다.

　가족과 충분한 합의가 이루어졌거나 확실한 목표가 생겨 절실하게 원한다면, 귀촌이든 귀농이든 가정에서 화분농사부터 시작하며 준비기간을 두는 것이 좋다. 짧게는 1년, 길게는 3년 정도 준비기간을 두고, 농촌진흥청을 비롯한 각 농업 관련 교육기관이나 농업계 학교에서 교육을 받으며 베란다나 옥상에서 쌈 채소나 새싹채소라도 길러가며 식물에 대한 것을 알아야 한다.

　사람을 비롯한 지구상의 모든 동물들은 식물에 의지하지 않고서는 생명을 유지할 수가 없다. 식물과의 관계를 벗어난다는 것은 죽음을 의미한다. 아마 도시생활에서는 식물과의 관계의 중요성을 절실하게 느끼지 못했을 것이다. 그러나 앞으로 농촌생활을 생각한다면 규모는 작더라도 반드시 도시농사(화분농사)부터 시작하여 식물의 특성을 알 필요가 있다.

　농촌생활이란 도시의 직장생활처럼 정해진 일만 열심히 하면 되는 것이 아니다. 날마다 창의력을 발산할 수 있는 생활이 농촌생활이다. 막연하게 때에 따라 모종을 사다 옮겨 심고, 자라기를 기다렸다가 열리는 것만 따가며 미소 짓는 것은 밋밋하지 않을까?

　귀농·귀촌의 성공 여부는 생각과 각오에 따라 달라질 수 있다. 귀촌을 생각하고 시골로 내려갔다가 뜻하지 않게 부농으로 발전할 수 있는 기회를 창출하는 경우도 종종 있다. 이는 창의력이 뒷받침되었기 때문이다. 특히 귀농이라는 각오가 되었다면 농사를 지어 생계유지를 비롯한 모든 생활을 해결해야 하기 때문에 농사, 즉 농업은 벤처사업과도 같다는 의미를 상기

해야 할 것이다. 따라서 가족과 합의가 이루어졌다면 어느 한 사람이라도 현장체험 등을 통해 과학적이고 합리적인 농사법과 농업경영에 대해 철저하게 터득해야 성공할 수 있다.

2. 목적의식 갖기

농업은 도시의 상업과 다르다. 일급 또는 주급이나 월급이 가능한 도시의 직장생활과도 엄연히 다르다. 교육을 통해 완벽한 영농기술을 익히고 토지가 마련되었다고 하더라도 최소한 1~3년 이상 지출만 있을 뿐 현금수입이 없다고 봐야 한다. 예컨대 쌈 채소를 기른다고 해도 최소 두세 달 이상 지나야 상품으로 자랄 수 있다. 만약 과수라면 묘목 상태에서는 4년 이상 지나야 상품으로 출하가 시작된다. 그래서 귀농은 3년 이상 수입이 없어도 지낼 수 있는 현금이 있어야 한다. 하지만 정착에 성공만 한다면 거동할 수 있는 날까지 정년퇴임이 없는 정서적으로 안정된 생활을 할 수 있는 완전한 직업임에는 틀림없다.

어떤 이들은 영농자금 융자를 이용하라고 권한다. 아무리 금리가 저렴하다고 해도 그 돈은 빚이다. 만약 성공 확률에 90% 이상 확신이 섰다면 철저한 사업계획서를 작성해 정착하고자 하는 지방자치단체의 귀농지원센터에 제출하면 각종 보조금을 비롯하여 영농자금을 지원받아 사업에 활용하는 것도 좋다고 할 수 있다. 그러나 농사에 대한 경험도 없는 상태에서 무이자나 보조금, 저렴한 이자에 현혹되어 영농보조금이나 영농자금 융자부터 쓴다는 것은 위험한 발상이라고 말하고 싶다. 자칫 잘못하면 빈털터리로, 또는 부채만 짊어지고 다시 도시로 U턴하게 될 수도 있기 때문이다. 젊다면 모르지만 60대가 넘으면 회복하기 곤란하다.

지구촌 자연계에 존재하는 동식물의 종류가 워낙 방대하여 농촌생활(농사)에 적용할 수 있는 동물이나 작물들의 명목을 일일이 열거할 수 없다는 점이 아쉽다. 그러나 농업을 해보기로 했다면, 선택한 가축이나 작물의 특성을 알기 위해 따로 교육을 받고, 거듭 연구해 자신만의 독특한 에너지 결집산물을 생산할 수 있다.

귀농의 목표가 꼭 시골에서 가축을 기르거나 농사를 지어 경제적 가치를 달성하는 데 있는 것은 아니다. 농촌에서 음식점을 운영한다거나 펜션을 경영하고, 또는 도시에서 익힌 재능을 활용해 농촌에서 '체험의 장' 등을 열어 이익을 창출할 수도 있다. 약사나 의사, 교사, 미용사, 변호사, 공인중개사 등 각종 기능자격증 소지자 또는 기타 재능 소지자라면 읍면소재지에서 개업함과 동시에, 각 기관에 재능기부 등을 하여 원하는 농촌생활 기반이 잡힐 때까지 병행할 수도 있다. 이처럼 자신이 가지고 있는 보물 같은 재능을 튼튼한 언덕으로 삼아 시골에서 새로운 삶을 경영해야겠다는 생각을 하는 것도 좋다.

준비기간을 두고 각종 농업 관련 교육을 철저하게 받아 왔다면 어떤 농업을 할 것인가를 생각해야 한다. 대부분의 사람들은 교육과정 중 현장체험에서 느낀 것을 접목하여 자신의 계획에 반영한다. 그것도 좋은 생각이지만 지역에 따라 특성이 다르기 때문에 무엇을 결정하기에 앞서 먼저 정착지를 결정하고, 그 고장에 맞는 작물 또는 가축을 비롯한 생산요소나 유·무형의 서비스 생산을 선택해야 한다.

지역마다 특성이 있기 때문에 그 지역의 특성을 찾아 서비스 사업(도시인들의 체험의 장 또는 교육활동 등)도 생각해 볼 수 있다. 만약 어떤 구상을 했다면 그 지역 농업기술센터를 자주 방문하여 하고자 하는 구상에 대한 자문을 구하고, 그것에 대한 교육을 받으며 수시로 질문할 수 있는 멘토(mentor)를 정하여 도움을 받는 것이 성공의 지름길이다.

3. 정착지 정하기

정착지를 정하는 일은 귀농의 성공 여부를 결정짓는 굉장히 중요한 요소이다. 건강상의 이유로 정착지를 정한다면 공기 좋고, 물 맑으며, 한적한 남향받이 산촌이 좋을 것이다. 산촌은 대부분 집들이 드문드문 있으며, 맑은 물이 흐르는 계곡이 있고, 인심이 좋다는 장점이 있지만, 읍내가 멀고 학교나 공공기관, 시장 또는 의원이나 약국이 멀다는 것과 교통수단이 열악하여 자가용이 없으면 급할 때 택시를 불러야 한다는 것이 단점이다. 만약 귀농으로 영농을 원한다면 평소 교육받으며 집중적으로 생각했던 것을 토대로 정하는 것이 좋을 것이다.

귀농지역을 정했다면 토지나 집을 사는 것은 뒤로 미루고, 그 지역에 오랫동안 살아온 집을 하나 정해 지인을 만드는 것이 좋다. 어린이가 새로운 친구를 사귀듯이 어른들도 새로운 친구를 만드는 것이다. 그 동네 이장이나 반장도 좋고 나이 많은 어르신도 좋다. 부부가 같이 다니면 더욱 좋겠지만 그렇지 못할 때는 어느 한쪽만이라도 현지인을 미리 지인으로 사귀는 것이 훗날 많은 도움이 된다. 남자라면 남자친구를, 여자라면 여자친구를 사귀는 것이다. 짧으면 1년, 길면 3년 정도 일 년에 두세 번 이상 방문하면서 믹스 커피나 두루마리 화장지, 식용유 등 시골에서 필요한 생필품을 준비해 선물 하는 것이다.

만약 방문했을 때 그 댁에서 고추를 딴다거나 못자리나 모내기하는 날과

마주하게 되면 "저도 도와 볼까요?"라고 공손히 요청하여 일을 도우면 더욱 좋다. 흡사 어린이들이 과자를 주며 친구를 만드는 것과 유사하다. 일을 도우면서 호감을 얻을 수도 있지만 실습의 기회가 되기도 한다. 집에 돌아와서는 귀농이나 귀촌에 필요한 교육을 부지런히 받으면서 작게는 화분농사부터 시작해야 한다.

농촌진흥청 홈페이지를 검색하면 농업에 대한 교육이 상시 개설되고 있다. 서울을 비롯한 수도권이나 각 지방도시에서도 농업 관련 교육을 실시하고 있으며, 농학과가 있는 각 대학에서도 단기간에 걸친 농업 관련 교육을 실시하고 있다. 그런 교육기관에서 자신의 적성에 맞는 것을 찾아 적극적으로 공부하는 것이다.

이런 과정 중에 마케팅 계획을 세워보는 것도 좋다. 인터넷에 자신의 홈페이지(블로그, 카페 등)를 만들어 앞으로 언제 귀농하여 어떤 농산물을 어떤 방식으로 어떻게 제품화하여 상품으로 선보일 것인지에 대한 농업창업 계획을 올려보며 직거래 토대를 마련하는 것도 마케팅 준비과정이다. 만약 인터넷을 다룰 줄 모른다면 부지런히 익혀 홈페이지를 만드는 등 다양한 방법으로 세상과 교감하는 것이 중요하다. 아무리 좋은 농산물과 좋은 먹거리, 체험프로그램이라 해도 내 물건을 사줄 사람이 없다면 그 물건은 무용지물이 되기 때문이다.

귀농! 철저히 공부하고 시작해야 한다.

4. 귀농 · 귀촌해서 할 수 있는 일

작물 재배(원예)

- 특수작물 재배
- 약초 재배
- 과수 재배
- 엽채류(葉菜類) 재배

가축 사육

- **대가축** : 소, 말, 당나귀 등
- **중소가축** : 돼지, 염소, 개, 토끼 등
- **가금류** : 닭, 오리, 칠면조, 거위, 메추리 등
- **기타** : 꿀벌, 귀뚜라미, 땅강아지, 사슴벌레 등 기타 곤충 기르기

특수 기술

- 닥나무로 한지 만들기 체험장
- 천연염색 체험장
- 박 공예 체험장
- 도예 체험장
- 각 곤충을 이용한 생태 체험장
- 천연비누와 천연화장품 만들기 체험장
- 식품 가능한 식물 발효효소 만들기 체험장
- 장류 만들기 체험장(된장, 간장, 고추장, 청국장 등)

여기 언급한 것 중에서 득히 체험장은 도시인들을 대상으로 숙박업을 병행하거나 또는 음식이나 각종 원료 등을 이용한 완성품을 판매하여 이익을 창출할 수도 있기에 창업정신으로 농업경영 목표에 접목할 수 있다. 만약 선택한 작목이나 목표가 있다면 그것에 맞춰 농촌진흥청이나 지역 농업기술센터 또는 그에 맞는 교육기관을 방문하여 철저한 교육을 받아야 한다고 재차 부탁하고 싶다. 그런 교육기관에서는 과학적으로 연구한 자료를 아낌없이 교육시킨다. 그와 같은 교육기관에서 배운 것 이외의 것을 더 알고 싶다면 전문 서점이나 농학과가 있는 각 대학교 앞 서점에서 원하는 책을 구입하여 보면 도움이 된다.

2장

귀농 시작하기

먼저 가고자 하는 지역에 지인을 만들자. 지인이 생겼으면 임대료를 주고라도 임시로 방 한 칸을 얻거나 헌집을 소개받을 수 있다. 아니면 토지를 임대(5년 기한)하여 농막을 설치하거나 컨테이너박스(군청 신고사항)를 옮겨다 놓고 임시 생활을 하면서 텃밭을 가꿔본다. 텃밭으로 가족이 자급자족할 양의 각종 채소와 과채(가지, 토마토, 호박, 오이, 수세미 등)를 때에 맞춰 길러보며 그것들의 습성을 현지에서 접하며 연구하는 것이다. 그렇게 현지에서 실습하는 마음으로 무엇인가를 하다 보면 도시에서 사먹을 때와는 달리 한 뿌리의 파, 상추이파리 한 장에도 애착이 간다.

그리고 이웃주민들과 소통하는 방법을 익힌다. 성인이 되어서 생소한 이들과 친분을 맺는다는 것은 그리 쉽지 않다. 그러나 진정한 마음으로 조심스럽게 접근하면 얼마든지 가능하다.

일지를 써가며(기록이 중요) 가을이면 메주를 쑤고, 고추장이나 간장을 담가보기도 하고, 봄부터 가을까지는 항아리에 제철 풀이나 과일을 활용한 효소도 만들어본다. 시간을 내 천연비누나 천연화장품도 만들어 이웃이나 친지들과 나눠 써 보기도 한다. 건강에 좋은 이로운 식물을 이용하여 차(茶)를 만들어 나눠 보기도 한다. 이런 경험들이 앞으로 무엇을 할 것인가 또는 어떤 것이 부가가치가 높을 것인가를 터득하는 데 도움을 줄 것이며, 이로 인해 희망의 끈이 보일 것이다.

이웃 주택과 좀 떨어져 있다면 강아지도 길러 보고 닭이나 오리, 거위도 몇 마리 길러 보고, 사슴벌레나 땅강아지 등 곤충도 길러 본다. 단, 이럴 경우 장기간 외출이 어렵다는 단점이 있다.

1. 귀농 시 주의사항

- 토지나 집부터 매입하지 말 것 → 4계절을 두 번 이상 지내보면 토지와 집터가 보인다.
- 목표를 위한 계획을 세울 것
- 이웃과 소통할 수 있는 마음 자세를 가질 것
- 주변 사람들보다 돋보이려고 허세부리지 말 것 → 이웃과 소통이 어려워진다.
- 불편한 생활을 즐길 수 있는 연습을 할 것 → 새로운 세계와 문화에 적응하는 연습이 필요하다.
- 생활비 절약과 자급자족 계획을 세워 실행해 볼 것
- 호화주택을 필요로 하지 말 것 → 주택에 돈을 덜 들이고 현금을 남겨야 한다.

- 폐가를 찾느라 시간 낭비하지 말 것 → 고치는 비용이면 조립식으로 새 집을 지을 수도 있다. 처음에는 컨테이너 박스나 이동식 조립집도 무방하다.
- 동네에서 너무 떨어진 곳에 살지 말 것 → 인간은 사회적 동물이기 때문에 이웃과 대화가 필요하다.
- 도시에서 하던 일을 병행할 수 있는지 찾아볼 것
- 텃밭부터 가꿔볼 것 → 경험이 무엇보다 중요하다.
- 나이가 많다면 귀농보다 귀촌을 생각할 것
- 정보가 부족하거나 의문사항이 있을 때는 지역 농업기술센터를 방문하여 도움을 요청할 것

2. 귀농에 성공하려면…

　인간사회에서 성공은 매너로부터 시작된다. 매너는 상대방을 존경하고 배려하는 마음가짐이며 나를 사랑하는 일이다. 또한 매너는 행복하고 살맛나는 세상을 만들어가는 아름다운 발판이다.

　사람은 탄생과 더불어 생을 마감할 때까지 부모 · 형제 · 가족 · 친척 · 친구 · 직장 · 사회 · 국가 · 국제 등으로 그 범위를 넓혀가며 인간관계를 맺고, 그 속에서 기뻐하기도 하고 상처를 받으며 슬퍼하기도 한다. 또한 상대방에 대한 절망이나 원망을 하면서도 관계를 끊지 못하고 유지하며 살아간다.

　만약에 누군가 집단사회에서 직장동료 등으로부터 따돌림을 받고 있거나 관계가 좋지 못하다면 자신의 매너가 어떠한지 생각해 봐야 할 것이다.[*] 매너는 입장을 바꿔 생각하는 자세가 바탕이 되어야만 탄생할 수 있다.

***

[*] 『인생 제2막』, 김상조, 글로벌교육문화연구원 교육용 교재

매너의 기본은 먼저 상대방에게 베푸는 것이다. 대부분의 사람들은 자신을 위해 무언가를 해주기 바라는 마음을 가지고 있다. 뿐만 아니라 자신의 것은 무엇이든 소중하다고 느낀다. 상대방에게 베푼다는 것은 바로 그 소중하다고 느끼는 나의 것을 타인에게 먼저 주는 것이다. 상대방의 생활에 유익한 정보나 필요사항을 진정한 마음을 담아 주는 것이다. 먼저 받고 후에 주는 것은 빚을 갚는 것과 다를 바 없다. 사람과 좋은 관계를 맺기 위해서는 당장 나의 이익부터 챙기지는 말아야 한다. 세상에는 실이 있으면 득이 있는 법, 실과 득은 그림자처럼 반드시 같이 다닌다는 것을 명심해야 한다. 세상사에는 현재 보이는 득보다 보이지 않는 실이 더 많을 수도, 오히려 그 반대일 수도 있다. '인생만사 새옹지마(人生萬事 塞翁之馬)'라는 고사성어가 있지 않은가?

현지인들과 좋은 관계를 맺기 위해 노력은 하되 빨리 친한 관계가 되기를 기대하지는 말아야 한다. 많은 친구를 갖는 것도 좋겠지만 적은 수라도 진실한 친구를 갖는 것이 중요하다. 진실한 친구는 빨리 오지 않는다. 자신이 먼저 진실되어야 진실한 친구가 따라 온다. 술 좋아하는 이에게는 술 좋아하는 친구가 모이듯이 자신이 거짓되면 거짓된 친구들이 모이는 법이다. 자신의 능력을 자랑하지 말고 묵묵히 성실한 매너로 최선을 다하여 시골문화에 젖어들어야 농촌생활에 성공할 수 있다.

3. 영농 창업 준비

귀농·귀촌 생활을 결심했다면 먼저 시일을 두고 텃밭 농사부터 해보며 많은 교육을 받으라고 했다. 그 경험을 바탕으로 철저한 조사와 계획하에

자금을 투자해야 한다. 농사를 지어 연매출을 얼마나 올릴 것인가는 투자 자금과 아이디어, 노동력, 기상환경, 운에 따라 다르게 나타난다. 하지만 경험이 부족한 귀농인이라면 처음부터 대자본 투자를 계획하는 것은 조심해야 한다. TV나 신문지상에 연매출 몇 천이나 몇 억 또는 몇 십억을 올려 농업인으로 성공했다는 정보를 쉽게 받아들여서는 안 된다. 그것은 몇 천 평 또는 몇 십만 평의 토지에 또는 수천·수억 원의 투자금과 수많은 세월을 거쳐 피나는 노력과 투지로 이루어낸 피의 땀방울이 결집된 산물이다.

수익 창출은 투자자본과 창의력, 아이디어, 노동력과 관계가 깊다고 봐야하지만 처음에는 소자본부터(귀촌형태) 시작하여 경험을 쌓아가며 확대해나가는 것이 바람직하다고 본다. 이 방법은 도시에서의 창업과 달리 농업이 주는 장점이다.

이제 농업경영으로 또는 농사를 지어 성공하길 원한다면 농산물에 대한 자신만의 경영철학과 농사철학이 있어야 할 것이다. 자신의 노력으로 생산된 농산물은 나와 사회, 나아가 온 인류의 건강을 위한 식량이며, 지구 전체를 위한 것이라는 마음가짐으로 '정직한 먹거리 생산(지혜와 행복을 길러내는 먹거리)'이라는, 다시 말해 인류에게 유익한 농산물을 생산한다는 목표를 세워야 한다.

인류의 생명을 이어주는 에너지는 농산물이다. 에너지는 자연에서 생성되는데 거기에 농업인은 '농사'라는 이름으로 관여하여 인류를 더욱 풍요롭게 하는 데 기여할 수 있다.

농업에 종사하는 이들은 자연에서 생성되는 생명의 에너지를 요리하는 전문가로서 세상의 모든 사람들이 그 요리를 먹으며 건강하고 행복한 삶 그리고 아름다운 세상을 추구하려는 데 이바지하는 것이다.

따라서 21세기의 농업경영인은 연매출 얼마를 목표 삼는 것도 중요하지만 그보다 더 중요한 목표가 있어야 한다. 진정한 농업인의 자세란 어떤 것일까를 끊임없이 고민해야 하는 것이다. 사람을 비롯한 모든 동물들은 땅이나 바다에서 길러낸 것들에 의해 건강한 생명을 유지해 나간다. 따라서 무조건 돈을 벌기 위해 내다팔 물건을 생산하는 농업인이 아니라, 온 세상 인류의 생명 유지를 위한 정직한 먹거리, 품격 있는 먹거리를 생산한다는 소명을 갖고 농업 창업을 준비해야 한다.

벤처농업

'벤처창업'이란 무엇인가? 새로운 기술을 개발하여 대기업이 하기 어려운 특수한 분야를 담당하는 기업으로서 도산위험이 높은 모험적인 기업을 말한다. 그러므로 벤처기업은 새로운 첨단기술을 이용하는 사업, 대기업이 하기 어려운 사업, 도산 위험이 높은 사업이라는 세 가지 특성을 가진다. 이러한 세 가지 특성을 가진 벤처기업을 설립하는 것을 벤처창업이라고 한다.

벤처창업은 처음에는 화학·기계 등 제조업의 특수기술을 응용한 2차 산업 분야에서 시작하였다. 그러나 서비스화·정보화의 진전으로 유통·서비스·정보처리·전자상거래 등 서비스나 정보통신분야 산업으로 확대되면서 최근에는 오히려 컴퓨터 관련 정보통신이나 서비스업에서 주로 이루어지고 있다. 이러한 벤처창업은 일반적인 창업에 비해 위험이 높은 방면 이익도 높다는 특징이 있다. 그 이유는 벤처창업은 신기술을 이용하므로 제품의 인지도, 안전성 등이 떨어져서 도산위험이 높은 반면 이러한 제품이 일반화되는 경우 폭발적인 성장이 가능하기 때문이다. 따라서 기업이 성공하면 엄청난 이익이 남지만 그 반대의 경우에는 막대한 손실을 감수해야 한다.

－ 김상조, 글로벌교육문화연구원 교육용 교재 『인생 제2막』 중에서

벤처사업이 화학·기계 등 제조업에서 정보처리·전자상거래 등으로 확대되는 것처럼 농업경영도 신기술을 도입해야 할 때가 왔다. 기업이 제품을 판매하는 데 있어 얼마나 많은 시장을 장악하느냐에 따라 성공 여부가 결정되듯 농업생산물도 그러한데 농산물의 경우 공산품과 달리 기상조건이라든가 토양조건 등 자연환경에 많은 영향을 받아 소비자들에게 항상 똑같은 생산물을 제공하기는 어렵다. 이러한 단점을 해결하기 위해 21세기의 농업은 첨단기술 개발과 모험정신의 결합으로 신선도라든가 건강기능성 등 특성화된 농산물 생산에 전진해야 할 것이다.

농업은 식량을 제공함과 동시에 생태 환경적으로 영향을 미치고, 사회문화적 가치를 지니고 있으며 과거나 현재도 같이 왔지만, 미래에도 인류와 함께 가야 하는 분야다. 따라서 21세기 벤처사업에는 농업이 접목되지 않을 수 없다.

농업기술에서 시급히 풀어야 할 신기술은 식량난 해결을 위한 기술이어야 한다. 기존의 농사방법으로는 부족한 식량을 보충하기가 어렵다. 늦었지만 뜻을 가진 농업인이나 생명에 관심 있는 과학자들이 식량생산기술개발에 전력해야 할 시대가 왔다. 21세기의 농업은 유전자의 재조합이나 세포융합, 핵 이식 등 생명공학을 이용하여 새로운 생물종을 개발하는 바이오산업의 기반이 되기도 하기 때문에 벤처농업으로의 가치가 있는 것이다.

벤처기업의 경우 기술의존도가 기존 기업에 비해서 훨씬 높다. 따라서 미래농업은 새로운 과학기술을 접목하여 기존 농사방식과 차별화되어야 농업으로 성공할 수 있을 것이다.

마케팅과 판매

①준비

　귀농은 창업이다. 기업이 시장에서 사라지지 않고 계속 살아남아 경제적 이익을 창출하기 위해서는 목표를 세우고 그 목표를 달성하기 위해 마케팅과 서비스를 소홀이 할 수 없다. 마케팅과 서비스가 부실하다면 창업자의 기획이나 계획이 아무리 훌륭하다고 해도 모래 위에 성을 쌓는 것과 다르지 않다.

　우리나라의 경우에 현대적 기업이 형성되고 성장하던 1990년대 이전까지는 수요가 공급을 초과하는 공급 부족의 시대였기 때문에 대부분의 기업은 효율적인 생산 활동만으로도 충분히 이윤을 추구할 수 있었다. 그러나 1990년대 이후 공급과잉의 시대에 들어서면서 이전과 다른 경쟁상황을 가져왔다. 많은 기업이 생산만으로는 경쟁에서 살아남을 수 없게 되자 기업은 생산에 앞서 소비자를 우선적으로 고려하기 시작했다.

　1990년대부터는 인플레이션, 실업, 공해 및 자원부족 등의 사회문제가 등장하면서 단순히 이익만을 추구하는 기업에서 벗어나 사회전반에 대해 이로움을 제공하는, 사회적 책임을 강조하는 방향으로 기업경영의 목표가 변화하였다.

　따라서 소비자에게 인정받지 못하는 기업은 시장에서 오래 견딜 수 없는 반면, 소비자에게 인정받는 기업은 지속적인 성장과 발전이 가능하다. 즉, 소비자의 기호에 맞는 재화와 제품을 구입하여 사용함으로써 영리를 추구할 수 있게 되고, 획득한 이윤의 일부는 사회적 책임을 다하는 데 사용함으로써 보다 많은 소비자로부터 인정을 받게 된다. 따라서 현대시장에서 소비자의 영향력은 그 어느 때보다 크며, 시간이 갈수록 영향력은 증대할 것이다.*

우리나라의 1960년대와 70년대에는 각 지방의 1940년생 이후 세대와 베이비붐 세대들이 서울을 비롯한 각 도시로 모여들어 야근을 마다 않고 일해 나라의 경제를 활성화시키고 도시의 모자라는 노동력을 채웠다. 그리고 인구조절정책의 하나로 '둘만 낳아 잘 기르자'에 적극 참여하고 혼·분식 정책에도 적극 참여했다. 농·어·산촌에 남아 있는 젊은 세대들은 농촌의 새마을운동에도 적극 참여했다. 또 그들은 '소비가 미덕'이라는 구호에 맞춰 상품 구매에도 적극 참여하여 국내시장을 장악하고, 나라의 경제발전에 큰 기여를 했다.

6·25전쟁 직후 공급이 부족하던 시대에 놓인 우리나라는 대기업을 비롯해 가내수공업이 번창했으므로, 어느 곳을 가든지 노동력만 있으면 돈을 벌 수 있었기 때문에 경제적 안정을 느끼게 되어 도시의 40년생 이후 세대와 베이비붐 세대들은 1997년 외환위기(IMF)를 겪기 이전까지 중산층 위치에 놓이게 되었었다. 그들은 소비가 미덕이라는 문구에 발맞춰 소비행위에 대거 참여, 자동차 구매, 자녀교육에의 투자, 가족과 함께 외식과 여행, 미래를 위한 연금보험 가입, 건강을 위한 스포츠에 관심을 보이는 등 사회 전반에 걸쳐 그 영향력을 행사하고 있었다. 이런 위치에서 경제를 이끌어가던 40년대생과 베이비붐 세대들은 88올림픽을 기점으로 세계화의 물결과 그 2세들의 성장으로 생산과 소비의 위치가 바뀌기 시작하였다. 1998년 외환위기를 겪으면서 앞만 보며 달리던 베이비붐 세대와 그 이전 세대들의 경제적 위치는 이렇듯 완전히 뒤바뀌게 되었다.

이처럼 시대에 따라서 소비자 계층이 변하고 소비의 형태가 다르기 때문에 기업가는 자사제품의 판매를 위해 어떤 계층을 대상으로, 어떤 상품을,

---

* 고등학교 마케팅, p.75. 2-11

어떤 방식으로 마케팅하고 판매할 것인가를 고민하고 준비해야 한다.

② 접근

효율적인 마케팅 활동은 정확한 마케팅 정보에 근거한 마케팅 계획의 수립과 실행이 반드시 뒤따라야 한다. 복잡하게 변하는 다양한 마케팅 환경요인을 체계적으로 탐색·조사·분석하여 정확한 마케팅 정보를 획득해야만 기업의 수명이 오랫동안 지속될 수 있기 때문에 마케팅 접근 방법에도 많은 노력을 기울여야 하는 것이다.

마케팅 환경요인에는 생산하고자 하는 제품을 원하는 고객층, 이미 제조되고 있는 제품의 종류와 수량 점검에 대한 파악이 필요하다.* 마케팅 조사를 통하여 시장 세분화와 소비자의 구매활동에 대한 이해가 중요하다. 같은 물건을 놓고도 사람마다 생각과 느낌이 다르듯 소비자의 구매성향도 가지각색이기 때문이다.

기업은 자사의 마케팅 활동이 가장 효과를 볼 수 있는 표적시장을 선정하여야 한다. 이를 위해서는 어떤 상품을 만들고자 할 때 전체 시장을 구분하는 시장세분화가(소비자계층) 선행되어야 한다.

③ 개발

기업은 끊임없이 경쟁사에 의해 도전을 받거나 시장을 잠식당할 위험에 처하게 된다. 예를 들어 어느 농가에서 간에 좋은 기능성 오이를 개발하여 시장에서 1위를 달성했다고 가정하자. 하지만 그보다 더 많은 기능성을 갖춘 오이를 생산하여 그 자리를 점령할 수도 있다는 것을 생각해야 한다. 따라서 기업인은 항상 상품의 질 향상과 서비스 개발에 전념해야 한다. 또한

---

* 고등학교 마케팅, p.52. 3–9

효과적인 경쟁전략을 개발하기 위해 소비자의 구매행동에 대한 충분한 이해와 대책이 필요하다.

소비자는 자신이나 타인을 위하여 다양한 제품을 구매하는데, 이와 같은 구매행동은 그 당시의 특정한 욕구를 충족시키기 위한 것이다. 마케팅 계획을 세우기 위해서는 먼저 인간의 가장 기본적 욕구는 먹고, 자고, 안전한 것을 찾는 생리적 욕구, 소속감을 느끼거나 남에게 사랑받고 사랑하고 싶은 사회적 욕구, 지식과 자기성취 추구와 같은 개인적 욕구가 무엇인지 알아야 한다.

인간의 기본적 욕구는 결핍을 충족시키기 위한 구체적인 대상을 구하는 욕망으로도 나타난다. 예를 들면, 감자가 주식인 독일 사람이라면 배가 고플 때 다양한 감자요리가 생각날 것이다. 그렇지만 한국 사람들은 배가 고플 때 하얀 쌀밥에 김치와 맛있는 찌개가 생각난다. 이처럼 인간의 기본적인 욕구는 누구에게나 동일하지만 욕망은 개인마다 다른데 이는 그 소비자의 개인적인 특성이나 그가 속한 사회문화가 다르기 때문이다. 문화란 어느 특정사회가 지니고 있는 가치관, 태도, 살아가는 방식을 통틀어 일컫는 말이다. 지방마다 고유한 문화가 있고 종교집단에 따른 특유한 문화도 있다. 예를 들면 도시문화, 농촌문화, 노년세대문화, N세대, X세대 하면서 각 계층에서도 각기 다른 문화가 있다.

사회도 계층별로 차이가 있다. 사회계층이란, 유사한 수준의 사회적 평판과 재산을 가지고 있는 사람들의 집합으로 신념, 태도, 가치관이 유사할 뿐 아니라 사고방식과 행동에도 많은 공통점이 있다.* 따라서 사람들이 일생 동안 구입하는 제품과 서비스도 계층별로 차이가 난다. 특히 연령에 따라 주로 구매되는 제품이 다르며, 구매력도 다르다. 뿐만 아니라 가치관이

---

* 고등학교 마케팅, p.67

나 생활태도에 따라서도 소비행동이 서로 다른 양상을 보여주기 때문에 사회적 계층이나 소비자의 연령계층에 따라 구매행동에 영향을 미치는 중요한 변수라는 것을 참작하여 마케팅이나 판매 방식을 개발해야 한다.

④ 참여

21세기는 전자상거래를 염두에 두어야 한다. 인터넷이 발전하고 전자상거래가 보편화됨에 따라 소비자는 일반 소매점뿐만 아니라 인터넷 소매점을 통해서도 재화나 서비스를 구매하는 경향이 증가하고 있다. 소비자들의 이런 현상은 날이 갈수록 계속 증가하고 있다고 보아야 한다. 제품을 생산하는 기업인도 소비자의 입장이라면 충분히 이해가 될 것이다.

소비형태도 시대와 소비자의 특성에 따라 달라진다. 또한 인터넷 시장이든 일반 소매점이든 소비자의 구매 행동은 제품이나 제화의 특성에 따라서도 다르므로 마케팅 방법도 달리해야 한다.

소비자는 고가(高價)이거나 자기에게 중요한 영향을 미치는 제품, 또는 잘못 구매했을 때 많은 위험이 뒤따르는 제품(고가의 영양제, 고가의 기능성 식품 등등)을 구입할 때는 여러 사람에게 물어보기도 하고, 오랜 시간과 노력을 들이면서 구매과정에 깊이 관여한다. 그렇지만 잘못 구매해도 별 손해 볼 염려가 없고 중요도가 낮거나 값이 싸며 상표 간 차이가 별로 없는 상품인 식빵이나 라면, 과자 등과 같은 저 관여제품은 의사결정 과정이 간단하고 신속하게 이루어진다.

따라서 자사제품을 판매하려는 기업은 고객이 느끼는 지각된 위험을 낮추어 주기 위해 충분한 정보를 통신매체나 인쇄매체 등을 통해 제공하여야 한다. 생활에서 일단 욕구를 인식한 소비자는 그 욕구를 해결하기 위한 정보탐색단계에 들어가기 때문이다.

정보탐색은 우선 소비자 자신의 기억이나 경험을 되살리는 내부 탐색부터 시작하여 기업이 주는 정보를 탐색하게 된다. 그리고 정보탐색이 끝난 후에는 구매를 하게 되는데, 구매 후에는 만족을 느낄 수 있어야 한다. 만약 구매 후 불만족이 발생했을 경우에는 그 불만사항을 신속하게 처리해 주기 위한 시스템도 마련해야 한다.

마케터는 소비자의 의견, 불만사항 등을 해결하는 것이 가장 큰 성공요인인 만큼 이를 실시간으로 처리할 수 있는 기술 활용이 최대 관건이라 할 수 있다. 현재는 전화와 유무선 인터넷을 통해 접수를 하고 한참 후에야 서비스를 받는 실정이다.[*] 따라서 고객의 불만을 실시간으로 파악하여 문제해결에 힘써야 한다. 만약 소비자가 구매한 제품에 많은 불만을 느꼈을 경우에는 기업이 그 문제를 해결해 주지 않으면, 소비자는 소비자보호단체에 의뢰하여 불만을 호소하게 되고, 소비자보호단체는 소비자 보호를 위해 기업의 부당성에 대해 대처하는 역할을 하는데, 때로는 통신 매체 등 각 매체를 통하여 홍보하는 등의 조치를 취하기에 기업은 계속 활동할 수가 없게 된다.[**] 그렇게 되면 소비자들에 의해 구매저항을 받게 되고 사회적으로 기업의 이미지가 현저히 나빠지게 되므로 처음부터 소비자로부터 신뢰받는 기업이 되기 위해서는 소비자에게 적합한 제품을 생산, 공급하고 필요한 지원 및 서비스를 스스로 찾아서 제공해야 한다. 뿐만 아니라 정보화의 진전과 신기술의 개발로 끊임없이 경쟁의 신제품이 출현하고 있기 때문에 그에 대한 대비로 더 좋은 제품과 더 좋은 서비스 생산에 힘을 쏟아야 한다.

귀농으로서의 창업이라면 특히 시대흐름과 소비자들의 의식변화에 대한 관심이 관철되어야 한다. 그 이유는 농업에서 생산되는 모든 상품들은

---

[*] 이홍주·이장욱 공저, 유비쿼터스 혁명 서비스 편 p.127, 3-6
[**] 고등학교 마케팅, pp.56-57

유·무형의 서비스제품을 막론하고 대부분 소비재(消費財)이기 때문이다.

소비재란 최종소비자가 사용을 목적으로 구매하는 제품을 말하는데, 현실세계에서 존재하며 직접 만져볼 수 있는 제품을 말한다. 이런 소비재는 백화점이나 재래시장 또는 대형마트 등 기타 소상점에도 존재하지만, TV 홈쇼핑이나 인터넷 쇼핑몰에도 거대 소매상으로 존재한다.

인더닛은 성보를 유통시키는 매체라는 고유의 특성을 가지고 있으므로 기업은 이러한 특성에 맞는 상품개발에 중점을 두는 전략에 참여해야 한다.

⑤ 관여

사회가 경제적으로 발전하면서 소비자의 욕구도 변한다. 소비자는 가격이 저렴하고 품질이 좋은 제품에서, 자신의 개성을 표현할 수 있는 제품 또는 자신만을 위한 제품을 원하게 되는 것이다. 따라서 생산자는 고객들이 자사제품을 구입하도록 관심을 보이기 위해 충분한 정보를 여러 매체에 제공하여야 한다. 또 제품 그 자체에 대한 정보만이 아니고 이를 활용할 수 있는 그 이외의 방법 등도 함께 제공하여 제품전략에 반영해야 한다. 예를 들어 된장을 제품으로 마케팅할 경우에 그것의 사용방법과 응용방법 등을 함께 제공하는데 이때 각자가 특성 있게 개발한 영상매체를 활용하는 것도 좋은 방법일 것이다.

최근 들어 정보를 효율적으로 유통시킬 수 있는 매체는 인터넷과 스마트폰이다. 이러한 정보유통매체의 특성을 중점적으로 활용하여 마케팅활동에도 관여할 수 있도록 시대에 맞는 제품전략을 개발하는 것이 바람직하다.

제품시장은 소비자들의 욕구 변화에 따라 계속적으로 끊임없이 변화하고 있다. 변화하는 시장에 적절하게 대처하지 못한다면 제품의 수명주기는 길어질 수가 없다.

신제품을 출시한 후 소비자에게 빠른 시간 안에 선택되어 오랜 기간 동안 유지되기를 원한다면, 상품의 마케터는 기술적·소비자적·경쟁적 요소 등에 대한 이해와 인터넷을 포함한 정보시장 등 시장변화에 발맞춰 꾸준히 노력해야만 한다.

21세기는 생산자나 소비자 모두 신제품(신상품)에 많은 관심을 가지고 있다. 신상품은 획기적이며 특성이 있어야 한다. 요즘의 소비자들은 기능의 우수성뿐만 아니라 외형적인 것, 환경에 미치는 영향 등도 매우 중요시 여긴다. 따라서 생산자는 신제품의 개념에 대해 정확히 이해할 필요가 있다.

신제품의 개념은 단순한 기존제품의 확장으로 보는 개념과 완전히 새로운 제품으로 보는 개념 두 가지가 있는데, 신제품을 분류할 때는 그 제품이 누구에게 새로운 제품으로 인식될 것인가를 고려하여야 한다. 예를 들어 이미 시장에 나와 있는 제품을 어느 기업에서 생산한다면 그 기업에서는 신제품이겠지만 소비자들은 그 제품을 신제품으로 인식하지 않을 것이다.

신제품이란 소비자와 기업에게 모두 새로운 제품이어야 하는데 이를 혁신제품이라고 한다. 하지만 이런 혁신제품도 소비자 시장에서 영원한 일인자가 될 수 없다는 것을 명심하고 소비자의 욕구변화에 대처해야 할 것이다.

- **모방 신제품** : 소비자는 미리 알고 있지만 기업 입장에서는 새로운 제품
- **제품 확장** : 소비자는 모르고 기업은 이미 알고 있는 제품
- **제품 수정** : 기존 제품을 수정한 것. 예를 들어 일반적인 세제에 표백제를 첨가하여 세척 효과를 높여 주는 것(아이디어 창출)
- **제품 추가** : 제품의 물리적 특성은 유지한 채 상표에 대한 이미지를 부각시킨 것[*]

---

[*] 『상표의 중요성』, pp.104-105, 국민대학교·경상대학교 고등학교마케팅, 두산동아, 2003

⑥ 상표

제품이 꼭 상표가 있어야만 판매가 진행되는 것은 아니다. 상표가 없는 제품도 판매는 얼마든지 할 수 있으며 실제로도 이루어지고 있다.

상표는 제조업자가 직접 상표를 결정하는 경우와 유통업자가 결정하는 경우가 있다. 제조업자가 상표를 결정하는 경우에는 제품을 제조하는 생산자가 소비자에게 직접 제품의 품질, 이미지 등에 관한 정보를 제공할 수 있으며 광고나 마케팅활동을 할 수도 있다. 이 방법은 전통적인 상표의 결정 방법이며 어떠한 방법이든 상표는 자산이다. 만약 상표나 상표마크를 특허청에 등록했다면 그것은 타사에서는 사용할 수 없는 특권을 가지는 자산이 되는 것이다. 상표나 상표마크는 글자, 단어, 숫자, 도형, 그림, 로고 등의 형태로 이루어지며, 그것의 결정은 누구나 쉽게 알아보고 인지할 수 있도록 해야 한다. 다음은 상표를 만들 때 고려해야 할 사안들이다.

첫째, 고객이 발음하기 쉽고 부르기 쉬워야 한다.
둘째, 상품이 제공하는 핵심을 잘 나타낼 수 있어야 한다.
셋째, 어느 계층의 소비자도 기억하기 쉬워야 한다.[*]

어떤 경우에는 유통업자가 상표를 결정하기도 한다. 소매상이나 도매상이 제조업자로부터 제품을 공급받아 도소매상의 명성에 부합하는 상표를 결정하는 것으로서 중간상이 제조업자보다 사회적인 명성이 더 높을 경우에 사용하는 방법이다. 대형할인점에 공급되는 중소업체 제품의 경우, 할인점의 사회적 인지도가 더 높기 때문에 할인점 자체 상표를 부착하여 제품을 판매하는 경우가 그 예다.

---

[*] 「상표의 중요성」, pp.108-110, 국민대학교·경상대학 고등학교마케팅, 두산동아, 2003

기업은 상품을 제조, 판매하는 데 있어 포장도 중시한다. 우리가 사용하는 제품들은 대부분 포장된 형태로 출시되는데 포장이란 특정 제품의 용기나 덮개를 말한다. 전통적으로 포장은 주로 제품보호의 측면에서만 보아 왔다. 그러나 현대에는 포장이 구매결정을 하는 데 큰 영향을 미친다. 엄밀히 따지면 제품을 생산하는 기업인도 소비자이기 때문에 그런 경험을 해 보았을 것이다.

　최근 기업에서는 자신의 상표에 대한 소비자들의 즉각적인 구매 욕구를 창출해낼 수단으로서 포장을 인식하고 있다. 따라서 포장을 중요한 마케팅 수단으로 인식하는 사람이 많아지고 있다. 포장은 제품기능, 의사전달기능, 가격기능, 구매욕구유인 기능 등 네 가지의 기능을 수행한다.

　포장의 형태는 네 가지가 있다. 기초포장, 2차 포장, 운송포장, 표찰(포장의 겉면에 부착되어 제품정보를 제공함) TV홈쇼핑이나 인터넷 상거래 등의 발달로 택배산업이 발달하면서 포장에 대한 중요성이 더욱 높아지고 있다. 장시간의 운반과 보관을 위해서는 좀 더 튼튼하고 효율적인 포장방법이 필요하다. 즉, 포장은 형태, 자재, 색상, 의미, 상표마크 등의 구성요소들을 고려하여야 한다.

⑦ 가격

　제품의 가격은 소비자들의 심리와 행동에 많은 영향을 미친다. 외향적으로 똑같은 상품이라 할지라도 소비자들의 소득수준이나 의식에 따라 구매방법이 상이하다. 과거에 비해 건강과 환경에 대한 의식과 사회적 기여도에 대한 관심을 갖는 계층이 늘어나고 있다. 농산품 중 채소나 곡식을 예로 든다면 가격도 중요하지만 어떤 과정으로 어떻게 재배했으며 어떤 경로로 거래가 되었느냐(공정가격)는 소비자에게 중요한 관심의 대상이다.

공정무역의 착한 커피

'공정무역'이란 직거래를 통해 생산자에게 공정하게 대가를 지불하고 거래를 하는 새로운 무역 방식을 말한다. 공정무역을 통해 생산자들은 노동의 대가가 공정하게 지불되는 일자리를 제공받아 자립할 수 있다. 그래서 생산자들은 미래를 위한 희망과 자부심을 가지고 품질 좋은 제품을 생산할 수 있다. 이것은 금전적인 원조로는 얻어질 수 없는 것이다.

공정무역 제품은 아동 노동을 사용하지 않고, 여성들의 인권을 보장하는 방법으로 생산되었고 안전한 작업장에서 친환경적으로 생산된 것들이다. 이런 제품은 커피만 있는 건 아니다. 커피, 수공예품 등 일부 품목에서 시작되긴 했지만 지금은 설탕, 초콜릿, 와인 같은 가공식품, 나아가 면제품, 청바지에 이르기까지 품목이 다양해졌다.

이처럼 21세기의 소비자들은 다양한 의식을 가지고 소비에 참여한다. 따라서 제품의 가격을 결정하기 전에 고객의 심리와 행동을 충분히 이해하고 반영해야 한다.

예전에는 외양적으로 같은 상품이면 가격이 싼 것을 선호했다. 그러나 21세기는 무조건 싼 가격으로 경쟁해서는 살아남기 어렵다. 물론 터무니없이 비싸거나 그 반대로 지나치게 저렴한 것도 판매에 도움이 되지 않는다. 일반적인 상품의 가격이 지나치게 고가이면 소비자는 좀 망설이게 될 것이고, 지나치게 싼 값이면 제품을 의심하게 될 것이다. 일반 소비자의 경우 구매하기 전에는 품질을 평가하기 어려운 향수, 보석 등은 오히려 비싼 것을 더 선호하게 된다. 이는 구매자가 품질을 평가할 수 있는 지식이 없기 때문에 '싼 게 비지떡이다'라는 우리나라 사람들의 의식 때문일 것이다. 즉, 가격에 의존하여 품질을 추측하는 경우다.

이러한 소비자의 행동 등을 참작하여, 기업은 시장세분화를 통해 고소득층을 표적시장으로 선택할 것인가, 아니면 저소득층을 표적시장으로 선택할 것인가를 결정한다. 만약 고소득층을 표적으로 했다면 생산한 제품의 가격은 높게 결정될 것이고, 그렇지 않다면 저가의 가격으로 결정해야 하는데 이때는 제품 자체도 차별화가 적용되어야 할 것이며, 마케팅에 따르는 유통경로도 다르게 결정될 것이다.

소비재의 유통경로는 직접 판매하는 경우와 통신판매, 방문판매, 직영소매, 전자상거래 등이 있다. 여기서 특히 주목할 판매방식으로는 전자상거래를 들 수 있다.

IT산업의 발전은 국내 유통산업의 비약적인 발전을 이끌어가고 있다. 유통산업의 관점에서 볼 때 인터넷의 발전은 전자상거래의 확산을 의미한다.

전자상거래는 인터넷상에 가상 점포를 설치하여 소비자가 PC를 통해 상품을 구입하는 방식이다. 인터넷의 급속한 발전과 확산은 기업과 소비자에게 시간과 공간의 제한이라는 한계를 허물게 하였고 특히 유통산업의 측면에서 인터넷의 발전은 다른 어떤 분야보다 엄청난 영향을 끼치고 있다. 그로 인해 기업은 이전에 생각하지 못할 만큼 시장을 확대할 수 있는 기회를 가지게 되고, 소비자들은 세계 어느 곳에 있는 기업이라도 인터넷 사이트를 통해 해당 기업에 대한 정보나 상품을 구할 수 있게 되었다.[*]

인터넷의 보급과 통신기술 등 정보기술의 발전은 소비자가 인터넷을 통한 전자상거래에 필요한 각종 정보의 검색이나 의사 결정에서 신속한 정보 지원을 받을 수 있기 때문에 보다 효율적이면서도 신속한 거래를 가능하게 한다. 따라서 소비자들은 어떤 특정상품에 대한 질과 가격 또는 서비스나 사회기여도에 대한 타당성과 인지도 등을 인터넷 검색창을 통하여 정보를 습득하고 구입여부를 결정하게 된다. 따라서 기업은 제품을 공정가격으로 소비자의 구매심리를 자극해야 할 것이다.

---

[*] 고등학교 마케팅, 『유통』, pp.120–123

상품

목표를 달성하기 위해서는 단순히 상품을 만들어 시장에 내 놓는 것만으로 는 부족하다. 커뮤니케이션(communication)이 필요하다. 커뮤니케이션이란 사람들 사이에 감정, 정보, 지식 등이 전달되고 교환되는 행위를 말한다.

소비자가 원하는 상품은 각 시대와 문화에 따라 다르며 나라마다 다르 다. 또한 구매방법도 다르다. 우리나라 소비자들은 구매의사결정을 할 때 가족, 이웃, 또는 친구들의 영향을 많이 받지만, 미국 등 개인주의 문화는 자신의 개인적 평가와 판단을 더 중요하게 여기는 경향이 있다. 또 나라마 다 의식주 문화에 따라서도 차이가 있으며 각 사회계층 간 의식의 차이에 따라서도 다르다.

우리나라는 주식이 쌀이지만 미국은 밀이고, 독일은 감자라고 알고 있 다. 인도는 쇠고기를 먹지 않고, 이슬람국가는 돼지고기를 먹지 않는다. 우 리나라는 아침에 밥과 국을 먹지만, 인도에서는 아침에 카레를 먹을 것이 고, 미국인들은 빵을 먹을 것이다. 만약 어느 기업이 자국민만을 위한 상품 이 아니고 국제적으로 필요한 상품을 생산한다면 이런 것이 어떤 상품을 만들 것인가를 결정짓는 데 참고가 될 것이다.

21세기는 글로벌 시대다. 우리나라에는 다문화가정이 점점 증가하는 추 세다. 어느 곳을 가나 외국인들을 볼 수 있다. 따라서 기업은 어떤 제품을 생산하는 데 외국문화를 생각하지 않을 수 없다. 농작물을 재배할 때도 외 국인들이 좋아하거나 고향의 향수를 느낄 수 있는 채소나 과일 등 그들을 위한 상품을 출현시키는 것도 하나의 방법일 것이다. 예를 들면 베트남 사 람들이 주로 먹는 채소·과일·저장음식을, 필리핀이나 아랍사람들이 주로 먹는 채소·과일·저장음식을 상품으로 내 놓을 수도 있다.

우리가 항상 즐겨먹는 음식도 시대에 따라 진화해 왔다. 최근 들어 건강과 기능성에 대한 관심이 높아지면서 소비자들은 가격 부담을 감수하면서 더 향상된 제품을 요구하는 추세다. 예를 들면, 종전에는 단순히 깨끗이 하는 것만으로 만족하던 세안용 비누였는데, 피부를 윤택하게 해주는 기능이 첨가된 천연비누가 나왔다. 고추장이나 된장도 건강에 유익한 기능성 재료를 첨가하여 생산하는 등 소비에도 진화가 이루어지고 있는 것이다. 또한 이러한 진화는 앞으로도 계속 이어질 것이다.

기업이 어떤 제품을 생산하여 마케팅을 하게 된다면 지금까지 익히고 배워온 모든 관습의 틀에서 벗어나 새로운 문화에 맞는 새로운 상품을 생산하여야 할 것이다. 또한 그에 따른 사회기여도와 환경 그리고 서비스 향상에도 노력해야 그 가치가 비로소 21세기 최고의 상품으로 더욱 빛날 것이다.

귀농 준비를 위한 정보기관과 교육기관*

- 정보기관 : 귀농귀촌종합센터(농촌진흥청), 지방자치단체, 농협, 전국귀농운동본부
- 교육기관 : 농촌진흥청, 농촌인적자원개발센터, 농업인재개발원, 서울시농업기술센터, 전국귀농운동본부, 천안연암대학 귀농지원센터, 부산귀농학교, 여주농업경영전문학교, 전국농업기술자협회, 한국농림수산정보센터, 농업정보119(강원대학교), 농협교육원(안성), 한국농어촌공사
- 교육유형 : 합숙교육, 주말교육, 단기교육, 장기교육

---

* 강주석, 『농촌가치의 이해와 중요성』, 사단법인 글로벌 교육문화연구원 국제평생교육원 교육용 교재

3장

귀촌 시작하기

귀촌은 귀농보다 좀 더 가벼운 마음으로 선택할 수도 있지만 귀촌에 대한 예비교육도 필요하다. 귀촌에 대한 관심을 가진 대부분의 사람들은 일정한 액수의 연금이나 임대료 등의 고정수입이 있어 경제적으로 여유 있는 사람들만이 선택할 수 있다고 앞에서 언급한 바 있다. 그렇기 때문에 그들에게는 마음이 조금만 불편해도 잘 참지 못하는 단점이 있다.

이들 연령층은 직장에서 정년퇴직을 했거나 경제적 성공으로 금전적 여유는 있지만 일에 지쳐 심신이 고달파 쉬면서 정서적으로 여유로운 삶을 찾으려는 50·60대 이상의 계층이 다수다. 그러나 농촌생활은 이들이 지금까지 지내온 도시생활과는 전혀 다르기 때문에 농촌생활에 대한 예비교육이 없으면 오래지 않아 회의를 느끼며 다시 도시로 가고 싶은 마음이 가슴속에서 싹을 틔운다. 시골사람들과 대화가 잘 안 통한다든가, 문화시설이 없다든가, 의료기관이나 관공서가 멀다든가 등 불편한 것이 한두 가지가 아니라며 불평이 앞을 가로막는다. 또한 도시에서의 경제적 성공도 농촌생활하는 데 장애가 된다.

귀촌을 희망하는 이들이 귀촌에 대한 예비교육을 받게 되면 다시 도시로 가고 싶은 생각이 줄어든다. 별이 총총한 밤하늘에 보름달을 본다든가, 새벽에 일어나 맑은 공기에 취해보면서 식탁에는 텃밭에서 직접 기른 상추·풋고추·가지·토마토를 예쁜 접시에 담아 먹으면서 생활의 기쁨을 느낄 수 있을 것이다. 또한 새로운 환경에 적응하는 보람과 행복도 느낄 수 있을 것이다.

귀촌은 일정한 수익으로 생활하고, 건강을 유지하면서, 욕심 없이 조용하고 쾌적한 삶을 영위하기 위해 기존의 생활환경을 변화시키는, 새로운 삶의 선택이다. 이왕 귀촌생활을 시작했다면 적어도 육류나 쌀을 제외한 기타 부식은 오염되지 않고 신선한 것으로 자급자족해야겠다는 마음가짐으로 실천하는 것이 바람직한 태도라고 생각한다.

작은 텃밭을 만들어 손수 작물을 기르게 되면 심신의 안정은 물론 적당한 운동효과도 있다. 신선한 먹거리는 마음을 신선하게 이끌어 생활에 기쁨을 주기 때문에 정서적 안정과 더불어 건강한 생활을 이어갈 수 있다.

텃밭 농사는 대량수확을 목적으로 하는 농사가 아니기 때문에 넓은 토지를 확보하려고 애쓰지 않아도 된다. 넓다면 약 1,653m2(500평) 이하 적게는 약 165m2(50평) 정도면 적당하다. 계절에 따라 신선한 채소와 과채를 수확하여 가족의 식탁에 올릴 수 있으면 그것으로 만족해하는 것이 텃밭농사다.

1,653m2(500평) 정도의 텃밭을 가졌다면 두 가족(10인) 이상이 자급자족할 수 있는 고추, 들깨, 콩, 팥, 수수, 옥수수, 참깨, 고구마, 감자, 김장배추와 무, 각종 양념채소 등을 재배할 수 있는 면적이고, 50평 정도라면 두 가족 이상이 각종 채소나 과채를 자급자족할 수 있다.

제2부
텃밭 가꾸기

좋은토양 만들기

좋은 토양이란 어떤 것인가? 각종 화학제초제나 살균살충제를 사용하지 않아 봄이면 많은 종류의 풀이 돋아나는 토양으로 흙 속에는 지렁이나 각종 미생물이 모여 먹이사슬이 잘 연결되어 있는 토양을 말한다. 대부분의 농작물 재배방식은 생산성 향상을 목적으로 각종 화학비료와 화학 살균살충제는 물론 화학적으로 조합된 각종 영양제를 살포하여 왔기 때문에 토양은 허기진 상태이다. 이런 토양을 양질의 토양으로 이끌기 위해서는 그런 재배방식을 배재하고 자연농법을 선택해야 하는데 처음에는 손이 많이 가고 수확량이 떨어져 쉽게 접근하기가 힘들다.

귀촌하여 텃밭에 작물을 심어 자급자족으로 건강한 생활을 원한다면 2~3년 동안은 수확을 포기하면서 먼저 토양을 살릴 수 있는 방법을 선택해야 한다. 한번 화학제초제나 화학비료 또는 화학 살균살충제에 맛 들여 놓으면 그것의 마법에 빠져 헤어날 수가 없는 것이 농사다.

2장

자연농법으로 농사짓기

관행농법은 봄에 풀이 돋아나기 전에 경운기나 트랙터로 경운하여 각종 비료와 화학농약을 활용하여 기타 작물을 재배하는 방식이지만, 자연농법이란 무경운 · 무농약 · 무비료를 원칙으로 작물을 기르는 방식이다.

1. 자연농법의 원칙과 유용성

자연농법의 원칙

- 경운하지 않는다(경운기나 트랙터를 사용하지 않아 환경오염 방지효과 기대).
- 풀이 자라기를 기다린다.
- 자라난 풀은 베어낸 그 자리에 덮어준다(다시 싹을 내지 못하는 뿌리는 자연 부식되어 양질의 토양으로 이끈다).

- 추수하거나 걷어드린 작물의 부산물은 작물이 자라난 제자리에 돌려준다.
- 화학제초제나 화학 살균살충제를 사용하지 않는다.
- 작물 재배에 퇴비사용을 원칙으로 한다(토양 산성화 방지 효과).
- 작물 재배 중 호미로 풀을 캐지 않고 손으로 잡을 수 있을 정도 자라기를 기다렸다가 낫이나 예초기로 베어 그 자리에 덮는다.

자연농법의 유용성

- 토양 미생물과 지렁이 등 먹이사슬의 원활로 토양의 질을 개선할 수 있다.
- 가뭄이 있을 때 수분 증발을 막을 수 있다.
- 우기 때 빗방울에 흙이 튀어 줄기나 이파리에 올라붙어 식물의 호흡장해를 예방할 수 있다.
- 덮여 있는 풀은 지렁이나 기타 토양곤충의 서식지로 활용되어 작물뿌리의 산소 공급에 도움을 준다.
- 예초된 풀이 작물 사이에 덮이므로 풀의 출현을 줄일 수 있다.
- 무거운 트랙터나 경운기의 사용으로 토양이 단단해지는 것을 막을 수 있다.

자연농법에서는 각종 풀들이 무성하게 자라기를 기다린다고 했다. 풀이 무성하게 자라는 땅은 곡식이나 기타 작물도 잘 자란다고 보면 된다.

강원도 화천의 경우 4월 말 또는 5월 초쯤 되면 비옥한 토양은 20~30cm 이상 풀이 자란다. 그렇게 자라는 풀은 콩이나 들깨를 심을 때쯤(5월 중순)이면 30~40cm 정도 자라는데 이때 풀을 낫이나 예초기로 베어 그 자리에 깔아두고 70~90cm 간격으로 줄을 띄운 후 콩, 팥 또는 들깨 모종을 심고, 작물이 풀과 함께 경쟁하며 자라도록 기다린다. 풀이 손으로 잡을 수 있을 만큼(약 10~15cm) 자랄 때까지 기다렸다가 작물 사이사이를 낫이나 예초기로 베어 작물 옆에 덮어주기를 3~4회 정도 하면, 작물은 무성하게 자라고, 풀의 출현은 낮아지는 것을 확인할 수 있다. 이런 방법으로 3년 정도만 반복하면 토양은 건강을 되찾는다.

2. 밭 만들기

귀촌이든 귀농이든 마른 풀(잡초)만 우거진 이른 봄의 밭을 보면 걱정이 앞선다. 지난해에 작물을 재배했던 밭이라고 해도 밭을 어떻게 해서 작물을 심을 것인지, 누구에게 부탁해서 밭을 경운해 달라고 할지, 동네에 친한 지인이 있다면 상담이라도 할 수 있지만 그렇지 못할 때는 막연하기만 하다. 특히 몇 년 동안 묵혀 있던 땅은 더욱 난감할 것이다. 그런 땅은 잡목들도 무성하게 자라 있기 때문에 굴삭기(포클레인)를 불러야 한다는 조언을 듣기도 한다.

어떤 이는 귀촌 첫 해, 밭 600평에서 들깨 두 말을 수확했다며 가을에 한숨짓는 것을 보기도 했다. 이유는 경운이 늦어 제때에 모종 옮겨 심기를 못했기 때문이다. 작물재배는 때(시기)를 놓치게 되면 수확이 현저히 떨어진다. 자연농법으로 시도한다면 누구에게 경운을 부탁할 필요가 없기 때문에 그런 걱정을 덜 수 있다.

이제부터 자연농법으로 밭 만들기와 작물을 심어 수확할 수 있는 상태까지의 과정을 나열해 본다.

지난해에 경작한 밭 : 봄
① 풀이 무성하게 돋아나기를 기다린다.

② 풀이 20~30cm 정도 자랄 때까지 기다린다.

③ 낫이나 예초기로 지면 가까이까지 풀을 깎는다.

④ 풀 깎기 한 날 준비한 작물의 씨앗이나 모종(콩, 팥, 토마토 등)을 심는다.

⑤ 작물이 자라는 동안 주변의 풀도 자란다. 이때도 풀이 손으로 잡을 수 있을 만큼 자랄 때까지 기다렸다가 낫이나 예초기로 잘라 작물 옆으로 덮어준다. 작물이 다 자랄 때까지 3회 정도 해주면 수확시기가 된다.

이른 봄, 상추 등 쌈 채소를 기르기 위해서는 칼을 들고 다니며 돋아난 풀을 나물 뜯듯 줄기만 자르고 호미로 흙을 고르고 씨앗을 뿌리면 된다.

여러 해 동안 묵은 밭

① 이른 봄, 풀이 돋아나기 전에 칡넝쿨이나 잡목을 낫이나 톱을 들고 다니며 잘라 굵은 줄기는 밭 한쪽에 쌓아둔다(뿌리를 캐지 않고 그대로 두면서 새싹이 돋아나오는 대로 싹만 뜯어내면 뿌리는 저절로 부식되어 거름이 된다).

② 풀이 20~30cm 자랄 때까지 기다렸다가 낫이나 예초기로 벤 다음 즉시 원하는 작물을 심는다. 이런 방법으로 3회 정도 풀을 깎는다.

잡목이나 갈대 등이 많은 땅은 한 해 묵혀가며 풀만 1년 동안 3~4회 깎아주는 방법도 있다. 하지만 풀을 깎아낸 자리에 곧 건강한 들깨모종을 70~80cm 간격(나무 덩치나 바위돌 등을 피하여)으로 3개씩 옮겨 심고 풀이 자라는 대로 낫이나 예초기로 들깨 사이사이를 깎아주면(3회 정도) 효율적으로 밭을 만들 수 있다. 이때 들깨가 왕성하게 자라는 것을 돕기 위해 화학비료를 사용할 수도 있다. 그 목적은 밭을 효율적으로 만들기 위함이다.

모종을 옮겨 심고 10일 후에 포기 옆으로 약 10cm 정도 거리를 두고 질

소비료를 티스푼으로 하나 정도 준 다음 호미로 흙을 파 덮어(비료가 보이지 않도록) 준다. 들깨 순에 꽃집이 생기기 시작할 때 복합비료나 질소비료를 밥 수저로 한 수저 정도씩 주고 호미로 옆의 흙을 파 덮어준다(들깨 줄기에 비료가 직접 닿으면 죽는다). 그때쯤이면 들깨 숲으로 그늘이 많아져 풀들은 왕성하게 자라지 못하고 나무뿌리에서도 돋아나는 싹이 연약해진다.

3. 밭 활용하기

모든 식물은 일조량이나 온도에 많은 영향을 받는다. 농작물을 재배할 때는 작물의 종류에 따라 생육과 성장기간이 모두 다르기 때문에 그 특성만 잘 알면 한 필지의 밭에서도 유리온실이나 비닐하우스 시설을 하지 않은 상태에서 1년에 3회(이모작 또는 삼모작) 이상 작물을 수확할 수도 있다. 따라서 어떤 작물이 어느 정도의 생육기간을 요하는지 알아야 한다.

예를 들면 고추나 토마토, 야콘, 토란, 고구마, 가지, 줄 강낭콩(넝쿨강낭콩) 등은 봄부터 가을 서리 내릴 때까지 긴 기간을 밭에서 자란다. 이런 작물들은 서리가 내리지 않는다면 몇 년이고 성장하면서 싱싱한 줄기에서는 맛있는 열매를, 뿌리에서는 탐스러운 덩이를 키워 우리를 즐겁게 해 줄 것이다.

오이나 참외, 수박, 쑥갓, 감자, 배추, 무, 당근, 앉은뱅이강낭콩, 완두콩, 옥수수, 참깨, 보리나 밀, 메밀 등등은 전 생육기간이 짧다. 이같이 작물의 특성을 잘 알고 있다면 언제 씨앗을 뿌리고, 모종을 옮겨 심느냐에 따라 밭의 활용범위가 달라지는 것이다.

우리나라는 제주도를 비롯하여 남부지방과 중부지방 그리고 북부지방 등 그 지역에 따라 일조량과 온도 차이와 겨울의 길이도 다르기 때문에 어느 지역에서 작물을 재배하느냐에 따라 토지를 더욱 효율적으로 활용할 수 있다. 처음 농작물을 재배하는 이는 그 지역의 특성을 잘 파악해야 하는데 그것은 그 지역의 농업기술센터에 가면 정확하게 알 수 있으므로 그런 기관을 잘 활용하는 것도 좋은 방법이다.

중부 이남 지방에서는 가을에 논이나 밭에 보리나 밀 또는 마늘을 파종하여 다음 해 6월에 수확하고 논에서는 곧바로 모내기를 하고, 밭에서는 콩이나 팥 또는 고구마를 심거나 들깨 모를 옮겨 심기도 한다. 강원도 화천에서는 이른 봄에 감자를 심고 6월 말경에 캔 다음 얼갈이 채소를 길러 7월 말 또는 8월 초에 뽑고, 가을 김장채소를 이어짓기 한다.

어떤 영농인은 감자를 캔 다음 미리 길러낸 호박 또는 오이 모종을 옮겨 심고 늦게 열리는 열매채소로 많은 수익을 올린다며 행복해하는 것을 보았다. 이처럼 어떤 작물이든지 그 특성을 잘 알면 밭을 효율적으로 활용할 수 있다. 강원도 화천의 경우 작물 시험에 의하면 메밀은 초복 때 심어도 수확할 수 있었다.

4. 무경운 작물재배

관행농법에서는 작물의 수확량을 높이기 위해서 토양을 소나 쟁기 또는 트랙터, 경운기 등 기계를 이용하여 깊게 경운해야 한다고 믿는다. 그렇지만 깊은 산속에 들어가 무성하게 자라난 산나물을 뜯어본 경험이 있다면 여기서 권하는 자연농법을 빨리 이해하게 될 것이다. 산속의 나무나 산나물들은 누가 땅을 갈아주거나 물을 주고 김을 매준 적도 없고, 비료나 퇴비를 준 적도 없지만 무성하게 잘 자라고 있다. 그런 현상을 관찰해보면 우리가 작물을 재배할 때 경운을 하지 않아도 가능하다는 것을 짐작할 수 있다.

경작지를 식물이 자랄 수 있는 산속의 조건처럼 유도하여 활용하는 것이 무경운 재배방식이다. 무경운은 경작지에서 트랙터나 경운기의 무게로 땅이 다져지는 것을 예방할 수 있어서 좋다.

관리자는 자연상태에서 작물이 풀과 경쟁하며 자라기를 기다리는 것이다. 작물과 함께 자란 풀을 예초기나 낫으로 베어 그 자리에 덮어줌으로써 원활한 통풍과 일조량 흡수에 도움이 되도록 도와 스스로 자랄 수 있도록 하는 것이 관행농법에서 벗어난 무경운 작물재배 방식이다.

이 방식은 재배된 작물의 부산물(줄기나 잎, 뿌리 등)을 절대로 다른 곳으로 옮기지 말아야 한다. 예를 들어 A라는 밭에 콩을 심었다면 그 줄기나 깍지 등 부산물을 그 A라는 밭에 다시 돌려주는 것이다. 많은 풀이 자랐을 때도 그 풀을 베어 그 자리에 덮어주는 것이 그 토양을 건강하게 하는 방법이다. 수년의 연구 결과 작물을 심어놓고 그 옆에 다른 곳에서 풀을 베어다 덮어주거나 가을에 낙엽을 모아다 덮어 주면 토양이 더욱 건강해진다는 것을 터득했다(산속 조건임). 예를 들어 옥수수를 심었다면 옥수수를 딴 줄기를 베어 그 자리에 그대로 덮어주는 것이다.

무경운으로 작물을 재배할 수 있는 것은 콩 · 팥 · 들깨 · 옥수수 · 야콘 · 토란 · 고구마 · 감자 · 수수 등을 들 수 있다. 고추나 배추, 무는 삽이나 호미 등 손 도구로 두둑을 만들어 흙을 고른 다음 파종 또는 모종을 옮겨 심으면 된다.

자연농법으로 작물을 재배하다 보면 도시생활에서는 상상도 할 수 없는 작은 것으로도 감사와 행복을 느낄 수 있다. 나는 가끔 날아다니는 이름 모르는 벌레나 개미 그리고 바람에 흔들리는 들꽃들에도 말을 건넨다. 여느 농부들처럼 풀뿌리를 캐느라고 호미로 땅을 파거나 씨앗을 심으려고 농기구로(경운기나 트랙터) 땅을 파 뒤집었다면 열심히 사는 개미들의 안식처를 초토화시켰을 수도 있고, 평화로이 노는 지렁이나 땅강아지의 허리, 다리를 다치게 했을 수도 있다. 또한 화학제초제를 사용했다면 풀들도 번식하지 못했을 수 있다. 그런데 자연농법을 선택하면서 그런 것들에 피해를 줄일 수 있었기에 마음이 떳떳해져 그랬을지도 모를 일이다.

2005년 어느 여름, 수원에 있는 농촌진흥청에 방문할 기회가 있었다. 당시 진흥청 현관 유리에는 커다랗게 '잡초와의 전쟁'이라고 쓰여 있었다. 그래서 근무하는 사람에게 "잡초와의 전쟁보다, 잡초와의 타협이라고 쓰면 어떻겠어요?"라는 제안을 했다. 사실 잡초란 있을 수 없다. 인간들이 선호하는 작물 이외의 것을 잡초라고 말할 뿐이다. 만약 인삼 밭에 춘란이 자란다면 그것도 잡초에 해당된다. 또한 고가(高價)의 춘란 밭에 인삼 씨앗이 자란다면 그것을 잡초라고 말할 수도 있다. 그런 것처럼 잡초의 위치는 인간들의 선호에 따라 달라진다.

나는 작물을 기르면서 작물 외의 것을 잡초라고 말하지 않고 '풀'이라고 말하기로 했다. 작물 외의 풀을 잡초라고 말하면 자연의 신이 건방지다며 화낼 것 같다는 생각이 들었기 때문이다.

풀의 종류는 참으로 다양한데 그중에는 우리가 작물로 선택하여 배양해도 손색없는 것들이 많다. 그 풀 하나하나가 신이 인간을 위하여 만들어 보내는 보물일 것이라고 생각한다. 그리고 우리를 이 땅에 보낼 때 '풀은 선물이므로 함부로 대하지 말 것'이며, 풀에는 '인간들에게 덕을 주며 더불어 같이 살아가라'고 부탁했는지도 모른다. 그래서 풀은 인간이 그토록 구박을 해도 열심히 살아가는 것 아닐까?

풀 이야기를 하다 보니 20여 년 전에 있었던 일이 생각난다. 서울에서 살

때의 일로, 9월 초나 중순쯤으로 기억된다. 네 부부가 모여서 강원도 어느 산으로 버섯을 따러 간 적이 있었다. 버섯을 찾으려고 짝을 지어 온 산을 헤매던 중에 유난히 진한 초록색을 띠는 줄기 끝에 새빨갛게 익은 딸기 알갱이 같은 씨앗을 보았다. 남편에게 "색깔이 이렇게 선명한 열매는 독이 있나? 그러니까 새들도 안 먹어서 주변에 그 씨앗이 떨어져 이렇게 많이 자라겠지?" 하며 독 있을까 봐 만지지도 못하고 한참 동안 들여다보기만 했다. 그리고 다음 해 늦여름이었다. 남편 친구가 쉬는 날 산삼 캐러 가자며 사진을 가지고 왔다. 그 사진 속에 있는 그림을 보는 순간 우리 부부는 깜짝 놀랐다. 그때 독이 있을까 봐 만져도 못 본 것과 똑같았다.

사실 사람들이 산삼을 좋아하는 것은 그것이 사람에게 유익하다는 것이 밝혀졌기 때문일 것이다. 그런 것처럼 그 많은 풀들도 우리 몸에 유익하다는 것을 인간이 아직 밝혀내지 못했기 때문에 함부로 대하며 '잡초'라고 말하는 것인지도 모른다.

3장

토양멀칭으로 농사짓기

토양을 덮어주는 것을 멀칭(mulching)이라고 하는데 볏짚이나 왕겨 또는 풀이나 낙엽, 비닐 등을 사용한다.

작물을 재배하기 위하여 밭에 비닐멀칭을 할 때는 비 온 다음 날 토양에 수분이 풍족할 때 하는 것이 좋다. 비닐은 수분 투과를 방해하므로 비닐을 씌운 후에는 수분 흡수가 어렵기 때문에 농부들은 비 온 다음날 미리미리 밭을 만들어 비닐 씌우는 일을 한다. 비닐멀칭 작물재배는 작물 이외의 풀이 출연하는 것을 막을 수 있어 노동력을 줄일 수 있고 작물 뿌리의 온도와 습도를 일정하게 유지시켜 주므로 수확량에도 많은 도움을 주는 장점이 있다.

그러나 단점도 많다. 해마다 새 비닐로 바꿔야 하므로 자원이 낭비되고, 수확 후 비닐을 걷어내야 하는데 그에 따른 노동력과 폐비닐의 문제도 있다. 장마철에는 땅속으로 스며드는 빗물을 비닐이 차단하여 토양의 수분 보유를 방해하기 때문에 빗물이 한꺼번에 도랑과 하천으로 모여들어 짧은 시간에 하천이나 강을 범람하게 하기도 한다. 따라서 자연을 존중하고 사랑하는 마음을 조금이라도 가졌다면 비닐 대신 볏짚이나 왕겨 또는 풀을 베어 덮는 것이 좋은 방법이라고 말하고 싶다. 왕겨나 볏짚 또는 풀을 덮어 주게 되면 원하지 않는 풀의 출현을 막아주기도 하지만 장마철의 수분 흡수는 물론 수확 후에도 걷어낼 필요 없다. 그것들은 토양에 덮여 토양미생물들의 서식지로 먹이사슬이 연결되어 비옥한 토양으로 이끌어 주기도 한다. 단점이 있다면 넓은 밭의 경우 많은 양이 필요하기 때문에 노동력이나 비용이 많이 든다는 것이다. 그렇지만 자연과 환경을 생각한다면 비닐멀칭은 피하는 것이 바람직하다. 자연농법을 원하거나 환경을 생각하고 건강한 좋은 먹거리를 생산할 목적이라는 의식을 가졌다면 볏짚이나 풀 또는 나뭇잎을 활용하라고 권하고 싶다. 어린아이가 어떤 환경에서 어떤 음식을 먹으며 어떤 교육을 받으며 자랐느냐에 따라 성인이 되었을 때 가치관의 차이가 나타듯이, 가축이나 농작물도 마찬가지다.

1. 밭두둑 쉽게 만들기

감자나 고구마 또는 고추를 심기 위해서는 밭두둑이 필요하다. 경운기나 트랙터를 이용하지 않고 쇠스랑 또는 호미나 괭이로 밭두둑을 만든다. 이때 밭 전체를 팔 필요는 없다. 그 방법을 소개하면 다음과 같다.

① 두둑 너비와 길이만큼 줄을 띄우거나 막대기로 금을 긋는다.
② 두둑이 될 곳 중앙에 퇴비나 계분 또는 풀을 베다 넣는다(건초나 생풀을 넣을 때는 복합비료를 풀 위에 뿌려 숙성을 돕는다).

③ 줄을 따라 호미나 괭이 또는 쇠스랑으로 흙을 파 퇴비나 풀잎이 보이지
　　않을 때까지 덮는다.

④ 양쪽으로 그렇게 하면 퇴비 넣은 부분의 흙은 파지 않아도 두둑이 된다.

⑤ 겉흙을 호미나 괭이로 보드랍게 깨트린다.

⑥ 퇴비가 들어 있는 중앙을 비켜서 양쪽에 씨앗이나 모종을 심는다(중앙에
　　심으면 흙 속에서 발효되는 열에 의해 작물이 해를 입을 수도 있음).

2. 비닐멀칭으로 재배할 수 있는 작물

비닐멀칭으로 재배할 수 있는 작물은 다양하다. 추천하고 싶은 작물이 있다면 고구마 · 감자 · 야콘 · 토란 · 고추 · 김장배추 · 참깨 · 토마토 · 가지 · 오이 · 호박 등이다. 그중에 참깨를 제외한 나머지들은 비닐멀칭으로 재배했을 때보다 볏짚 또는 풀을 덮거나 나지(裸地) 상태로 재배하여 수확했을 때 그 맛이 좋다는 것을 경험했다. 특히 야콘은 볏짚이나 풀 또는 나뭇잎을 덮었을 때 수확이 훨씬 많았다.

감자는 여름에 수확하는 작물로 재배기간이 짧다. 마음만 먹으면 얼마든지 비닐을 씌우지 않고 재배할 수 있다. 야콘이나 토란, 고구마는 재배기간이 길어 제초하는 데 많은 노동력을 필요로 한다. 따라서 많은 양을 재배할 때는 비닐멀칭을 해 보라고 권하지만, 볏짚이나 풀 또는 나뭇잎을 7~10cm 두께로 덮었을 때 수확이나 맛에서 월등하다는 것을 재차 이야기한다.

가을 김장채소도 재배기간은 짧지만 멀칭으로 재배하라고 권한다. 김장채소는 지역에 따라 7월 말 또는 8월 중순(중부 이북지방)부터 재배가 시작된다. 이 계절에는 적은 일조량과 저온으로 풀이 자라는 속도가 느리기 때문에 얼마든지 나지 상태에서 재배할 수 있지만 강수량이라든가 대기온도가 점점 낮아지는 시기다. 따라서 볏짚이나 왕겨 풀 등을 두껍게 덮어줄 수 없을 때는 비닐멀칭으로 수분증발 억제와 지온 상승 등의 영향으로 작물 생육에 많은 도움을 줄 수 있다.

4장

텃밭 작물 재배에서 수확까지

봄부터 가을까지 상추 · 치커리 · 쑥갓 · 시금치 · 근대 · 아욱 · 무 · 배추 · 고추 · 오이 · 가지 · 토마토 · 들깨 · 감자 · 고구마 · 야콘 · 당근 · 토란 · 서리태(검정콩) · 흰콩 · 팥 · 옥수수 · 앉은뱅이강낭콩 · 줄(넝쿨)강낭콩 · 호박 · 대파 · 양파 등 기타 선호하는 작물들이 있다.

재배기간이 짧은 작물(봄부터 여름까지)

상추, 쑥갓, 무, 배추, 갓, 아욱, 오이, 호박, 앉은뱅이강낭콩, 참깨, 감자

재배기간이 긴 작물(봄부터 가을까지)

근대, 가지, 토마토, 고구마, 넝쿨강낭콩, 대파, 토란, 야콘, 고추, 들깨

일조량에 관계없이 생육기간을 조절하여 재배 가능한 작물

옥수수, 오이, 열무, 엇 갈이 배추, 대파, 쪽파, 마디호박

1. 고추

요즘은 전업 농부가 아니더라도 농사짓기가 쉽다. 예전에는 직접 종자를 파종하여 싹을 길러 옮겨 심거나 직파하여 솎아버려야 했는데, 종묘상에 가면 자기 입맛에 맞는 품종을 얼마든지 골라서 구입할 수 있어 편리하다 (단, 제철에 구입해야 한다).

고추 밭 만들기(두 줄 심기)

고추 밭은 4월 중에 비를 충분히 맞아 토양이 젖어 있을 때 미리 만들어 멀칭(비닐 · 볏짚 · 풀 · 왕겨 등)을 씌워 놓는 것이 좋다. 실험결과 비닐 대용으로 볏짚을 7~10cm 두께로 덮었을 때 비닐멀칭보다 훨씬 수확이 많았다. 볏짚이 보유한 수분과, 지렁이 등 땅속 생물들이 뿌리의 산소 공급에 도움을 준 것으로 추정된다. 고추농사에 경험이 부족한 경우 비닐멀칭으로 해본 다음에 다른 멀칭 방법을 시도해 볼 것을 권한다.

① 비옥한 토양일 경우 폭 100~120cm를 정하고 길이는 본인이 원하는 만큼 정하여 줄을 띄우거나 금을 긋는다.
② ①의 정해진 폭 중앙에 약 20cm 너비로 길이만큼 양질의 퇴비(돈분 또는 계분)를 약 3~5cm 두께로 넣는다.
③ ①의 그어진 선을 따라 삽으로 퇴비가 완전히 덮이도록 양옆의 흙을

파 올려 덮는다. 이때 완전히 덮이면 두둑이 되는데 그 높이가 최소한 10~15cm는 되어야 한다(장마철 배수를 위하여).

④ 완성된 ③의 두둑 폭은 약 90~100cm가 되도록 한다. 이렇게 만든 두둑을 옆에 또 만들 때는 약 80~90cm 이상 간격을 두고 한다(통풍과 고추 수확할 때 통로 역할을 하기 때문에 필수조건임).

⑤ 두둑에 검은색 비닐을 덮고 바람에 날리지 않도록 양쪽 모두 흙으로 눌러준다.

⑥ 두둑과 두둑 사이 비닐이 덮이지 않은 부분에 볏짚이나 풀 기타 왕겨 등을 10cm 이상 두껍게 덮는다(잡초의 출연과 수분 증발을 막을 수 있으며 고추를 수확할 때 발에 흙이 붙지 않아 좋다).

고추 모종 옮겨 심기

고추는 냉해에 약하므로 서리가 내리지 않을 때 옮겨 심는 것이 좋다. 이는 지역에 따라 시기가 다르며 강원도 화천의 경우 5월 초에 옮겨 심는다.

① 두둑 양옆에서 약 20~25cm 안쪽으로 들어와 비닐에 구멍을 뚫는다. 구멍과 구멍 사이를 약 40cm 간격으로 두 줄 뚫으면 60cm의 폭으로 한 두둑에 두 줄이 된다.

② 뚫어진 비닐 구멍에 직경 3cm 정도의 끝이 뾰족한 막대로 5~10cm 이상 깊이 눌러 구멍을 뚫는다.

③ 주전자에 물을 담아 뚫린 구멍에 물이 충분히 고이도록 붓는다.

④ 물이 완전히 스며든 각 구멍에 고추 모를 하나씩 넣는다.

⑤ 고추 모를 똑바로 세우고 물을 다시 부으며, 흙으로 뿌리가 완전히 덮이도록 채운다(덮은 후에는 살짝 눌러주되 물은 주지 않는다).

⑥ 비 가림을 해준다.

비 가림 만들기

비 가림을 해주면 탄저병 등 전염병을 옮기지 않아서 좋다. 또한 날아다니는 벌레들은 짝을 찾을 때도 공중으로 나는 습성을 지녔는데, 비닐이 있을 경우 비닐 안을 맴돌다가 짝을 찾지 못한 채 지쳐서 바닥에 떨어진다. 따라서 번식이 쉽지 않다. 이는 관찰을 통해 알게 된 사실이다.

① 약 4~5m의 너비를 만들 수 있는 비닐하우스용 파이프를 준비한다.
② 파이프를 유(U)자형으로 구부린다(판매처에서 구부려 주기도 함).
③ 고추 밭 가장자리의 너비와 길이를 잰 다음, 길이 쪽에 60~80cm 간격으로 파이프 꽂을 곳을 표시한다.
④ 끝이 뾰족한 지렛대 등을 이용하여 표시된 자리에 구멍을 뚫어가며 파이프를 꽂는다.
⑤ 파이프가 바람에 넘어가지 않도록 지지대와 가름대를 잘 묶는다.
⑥ 채소 밭 하우스용 비닐을 밑에서부터 약 1.3m 위로 올려서 씌운다(농자

재 판매상이나 서울 방산시장에서 농업용 비닐을 팜).

⑦ 씌워진 비닐이 바람에 날리지 않도록 단단히 묶어 맨다(쉽게 말해 비닐로
지붕을 만들어 주는 것과 같음).

고추 모 곁가지 뜯어내기

고추 모를 옮겨 심고 3주 정도 지나면 밑에서 곁가지가 나오는데 밑에서
돋아나는 곁가지는 돋아나올 때마다 모두 손으로 뜯어낸다. 그래야 원 줄
기가 굵어져서 쓰러지지 않고 많은 열매를 지탱한다. 약 30cm 정도 자라

면 고추줄기가 넘어지지 않도록 지지대를 박고 고추대를 고정시킨다. 고추가 열리면서 줄기가 계속 자라면 다시 줄을 연결하여 쓰러지지 않도록 도와야 한다.

곁가지 뜯어낸 것은 살짝 데쳐서 나물로 무쳐 먹을 수 있다. 그러나 맨 처음 뜯어낸 곁가지는 종묘를 기를 때 각종 영양제와 소독제 등 약품을 살포한 것이기 때문에 먹지 않는 것이 좋다.

고추 따기

고추는 무더운 여름에 익는다. 비 가림 고추 밭에서 빨갛게 익은 고추를 딸 때는 비가 쏟아지는 날이 더 좋다. 비가 쏟아지는 날 고추 밭에 들어가면 시원하다. 비닐 지붕에 쏟아지는 빗방울 소리를 들으며 고추를 따노라면 신나는 음악소리를 듣는 것처럼 기분 좋다. 고추 딸 때 손끝에서 느껴지는 신선함이 기분을 한층 더 올려준다. 만지거나 얼굴에 스칠 때도 농약을 살포를 하지 않았으므로 기분이 좋다. 실수로 풋고추를 따게 되어도 금방 밥 반찬으로 먹을 수 있어 좋다. 이 모든 기쁨이 농약 없는 비 가림 고추 밭 덕분이다.

익은 고추를 딸 때는 완전히 빨갛게 익은 것을 따야 한다. 조금이라도 파란 부분이 있으면 덜 익은 것이다. 익은 고추를 자주 따지 않으면 수확이 적다. 줄기의 영양분이 이미 익은 고추에도 미치기 때문이다.

고추 말리기(무농약 태양초)

밭에서 방금 따온 고추는 햇볕이 들지 않고 통풍이 잘되는 헛간이나 마루에 펼쳐 널어 고추 꼭지가 시들기를 기다려야 한다. 만약 곧바로 햇볕에 펼쳐 널면 볕에 화상을 입게 되어 품질이 떨어진다.

자연 조건에서 건조

① 고추를 통풍이 잘되는 그늘에 2~3일간 펼쳐둔다(약간 시들시들해짐).

② 햇볕이나 비닐하우스 안에 펼쳐 널고 얇은 부직포나 보자기를 60% 정도 건조될 때까지 덮는다.

③ 햇볕에서 완전히 건조될 때까지 하루에 1~2회 정도 뒤적여 준다.

④ 건조기간에 일기가 고르지 않으면 선풍기나 온풍기 또는 제습기를 이용하는 것도 좋다(온돌방이 있는 이는 방바닥에 널어두고 불을 땐다).

⑤ 완전히 건조된 고추는 비닐봉지에 담아 입구를 꼭 묶어 보관한다. 건조가 불량하면 고추 씨앗에서 벌레가 생기거나 고추 속에 곰팡이가 발생하므로 이 점에 주의해야 한다.

제습기 사용 건조(비오는 날이 많을 때)

① 헛간이나 창고 또는 비닐하우스나 빈방에 고추와 제습기가 들어갈 정도의 넓이와 높이로 선반을 만든다(가로 3m×세로 2m×높이 1.8m에 3층 선반으로 생 고추 50kg 펼쳐짐).

② 고추를 통풍이 잘 되는 그늘에 2~3일간 펼쳐둔다.

③ 꼭지를 모두 따고 ①의 선반에 골고루 펼친다.

④ 선반주변에 비닐을 둘러쳐 외부의 습기나 공기가 들어가지 못하도록 한다.

⑤ 한 쪽 비닐을 열고 제습기를 들여놓고 습기가 들어가지 못하도록 막는다.

⑥ 제습기에 고인 물을 가끔 내다 버리며 5일간 연속 가동하면 약 60~70% 마른다.

⑦ 햇볕이 좋은 날 햇볕에 내다 건조시킨다(약 3일 정도면 완전히 건조됨).

※ 빨리 건조하려는 생각으로 처음부터 고추를 가위로 가르면 절대 안 된다. 60~70% 이상 건조되었을 때 가르기를 해야 고추의 질이 좋다. 반 가르기 할 때

는 파리 또는 벌이나 기타 벌레들이 고추의 즙을 빨아먹기 때문에 고추 위에 모기장을 덮어 말린다. 이렇게 건조시킨 고추는 고온 건조기에서 고열로 쪄 말리는 것과는 비교 할 수 없이 맛과 색깔이 우수하다.

고추 말리는 시기에는 비가 자주 오는 날이 많다. 만약 고추가 50~60% 건조되었을 때 비가 자주 오게 되면 썩어버리기 일쑤다. 그때그때 날씨에 따라 고추 꼭지를 딴다든가 가위로 고추 길이대로 반절 가르는 작업을 하는 것도 좋은 방법이다. 어떤 이는 갈라 말리면 맛이 없어진다고 하는데 썩혀 버리는 것보다는 그게 더 낳을 것이다. 만약 판매목적이 아니라면 날씨가 좋아도 70% 이상 건조되었을 때 꼭지를 따고 가위로 길게 갈라주면 건조시간이 단축되기도 하지만 고추 속에 곰팡이가 낄 걱정도 덜 수 있다.

고추 말리기는 최소한 열흘 이내에 완성되어야 한다. 그렇지 않으면 고추 속에 곰팡이가 발생하기 시작한다. 또한 늦가을 서리가 내리면 고추의 수명은 끝이다. 서리 내리기 며칠 전에 고추 대를 뽑아 제자리에 세워 놓으면 풋고추를 썩히지 않고 마지막 것까지 붉은빛으로 변하며 잘 마른다. 이렇게 풋고추 말린 것은 따로 저장하여 막장 담글 때 사용하면 좋다. 고추대가 완전히 마르면 짧게 잘라 고랑에 덮고 비 가림 비닐과 밭에 덮었던 검정 비닐도 벗겨 내어 봄까지 눈과 비를 맞도록 한다.

고추농사 체험기

고추 밭은 무엇보다 배수가 좋아야 하고, 장마철에 비를 맞히지 말아야 한다는 것을 고추농사를 해보면서 알게 됐다. 양질의 퇴비를 준 기름진 토양이라고 해도 배수가 불량하거나 장마철에 비를 많이 맞으면 밭에 병이 발생하기 쉬웠다(강원도 화천 사람들은 물 힘을 받아서 병났다고 함).

귀촌 다음 해인 2000년 5월, 고추 모종 50싹을 심었는데 무농약으로 키워 가을 서리 내릴 때까지 건강하게 자랐다. 그해는 마른 고추와 풋고추를 수확하는 데 만족했었다.

2년차에는 8월 말까지 빨갛게 익은 고추를 한 차례 따고 태풍이 왔다. 태풍이 지나가고 해가 반짝 떴을 때 고추이파리 하나가 시들기 시작하더니 하루하루 지나면서 시들어가는 개체수가 늘어갔다. 그리고 약 2주 사이에 몽땅 시들었다. 동네 사람들에 의하면 물 힘 받아서 병이 난 것이라고 한다. 그러나 내 소견으로는 두둑을 높게 만들어 배수가 잘되기 때문에 그게 아닐 것만 같다.

3년차인 2002년에는 밭에 50대를 심고, 20대는 토마토 밭과 언덕의 풀밭에 나눠 심었다. 그리고 풀밭에 심은 고추는 주변에 돋아나는 풀을 낫으로 베어주었다. 장마철이 지나자 밭에 심은 고추는 빨갛게 익은 것을 한 번밖에 못 땄는데 이파리가 시들기 시작했다. 그런데 언덕의 풀밭에 심은 고추와 토마토 밭에 심은 것은 건강했다. 그런 현상을 보며 생각했다. '만약 세균이나 바이러스가 공기 중에 있다가 비에 의해 전염된다면 분명 언덕의 것도 병에 걸려야 할 텐데 왜 고추 밭에만 전염되는 것일까?' 그래서 병든 고추 밭을 치료해 보겠다는 생각에 식초와 알코올의 소독효과를 이용해 보기로 했다. 식수 5L에 식초 0.1L, 소주 1L를 혼합하여 분무기로 고추 밭 전

체(50싹)에 뿌리기를 3일 걸러 1회씩 3회 했다. 일주일이 지나자 시들어 떨어진 가지에서 새 이파리가 돋아나기 시작했으며 남아 있던 이파리는 더 이상 시들지 않았다. 그렇지만 고추 열매에 반점이 생기며 썩어 들어갔다. 농약 안 주고 고추를 길러보려다가 소주와 식초만 낭비한 것이다.

　9월이 되면서 언덕 풀밭에 심은 고추도 약간씩 병이 들기 시작했다. 그런데 토마토 밭에서 신기한 일이 일어났다. 토마토 밭에 심은 고추가 주렁주렁 빨갛게 익은 것이다. 방울토마토는 열매가 다 자랐을 때 비를 맞으면 껍질이 터지고, 벌레들이 그 즙을 빨아먹어서 버리게 된다는 것을 서울 집 옥상 화분에서 방울토마토를 키웠을 때부터 알고 있었다. 그래서 토마토를 심어 놓고 토마토가 열리기 시작하면 나무 말뚝을 박고 비닐을 덮어 비 가림을 해주었다. 풋고추라도 따먹어야지 싶어 토마토 밭에 고추를 같이 심었던 것인데 마치 토마토와 경쟁이라도 하듯 잘 자라고 있던 것이다. 이건 그냥 지나칠 수 없는 발견이었다. 내년에는 고추 밭에도 비 가림을 해야겠

다고 마음먹었다.

4년차인 2003년에는 고추 모종 50싹을 심고 장마 시작 전에 나무를 잘라다 말뚝을 박아 비 가림을 만들어 줬다. 이웃들은 그 모습을 보고 웃었다. 그러나 그해 다른 집들은 고추 밭에 탄저병 농약을 하는 등 요란을 피웠음에도 불구하고 여름이 끝나기도 전에 모두 병이 들었다. 반면 우리 고추 밭은 싱싱한 줄기에 가지가 부러지도록 열매가 매달려 빨갛게 익었다. 아래윗집 농부의 아낙들은 부러운 눈으로 우리 고추 밭을 자주 들여다보았고 나중에는 그들의 남편들도 일부러 와서 들여다보았다.

나는 대단한 것이라도 발견한 것처럼 여름에 휴가차 놀러오는 이들을 비 가림 고추 밭에 데려가 '무농약 고추'라며 자랑했다. 또한 친척들 중에 시골에 농사짓는 이가 있으면 이 방법을 얘기해 주라는 부탁을 광고 삼아 말했다.

그다음 해에는 나무기둥이 아닌 비닐하우스 철봉으로 비 가림 고추 밭을 만들어 해마다 고추를 같은 자리에 심기로 했다. 동네 아래윗집에도 그렇게

해보라고 권했다. 그들은 내가 하는 방식이 우연이라는 생각이 들었는지 아니면 도시여인의 농사 솜씨를 믿고 싶지 않았는지 시도조차 하려 들지 않았다. 특히 농사 경험이 많은 농부일수록 고추재배를 무농약으로 한다면 믿으려 하지 않았다. 그만큼 고추재배는 병충해의 위험이 높다는 뜻일 것이다.

비 가림으로 재배할 때 병 발생이 없는 것으로 보아 병 바이러스가 공기 중에 떠돌아다니다가 장마철 비에 섞여 고추 밭에 옮겨지는 것이라고 추정된다. 내가 본격적으로 비 가림 재배를 한 지 3년 째 되던 해에 윗집은 500싹은 비 가림을 하고, 200싹은 전처럼 비 가림을 하지 않았다. 시험해 보는 듯했다. 그러나 비 가림을 한 것과 하지 않은 것의 차이는 여름 장마가 끝나기도 전에 나타났다. 그는 비 가림을 하지 않아 병든 고추대를 장마가 끝나기도 전에 뽑아버리고 가을 김장채소 밭으로 만들어 놨다. 그리고 그 후 계속 비 가림으로 고추를 재배하며 주변에도 권하고 있다.

2.콩

콩 심기

　콩을 심기 위해서는 밭을 경운할 필요가 없다. 만약 콩을 심기 위해 밭을 경운한다면 자연농법이 아니다. 밭을 경운하게 되면 지렁이나 땅강아지 등 땅속 먹이 사슬인 미생물들이 피해를 입는다. 콩도 다음과 같이 풀을 베어 내고 심는다.

① 풀(잡초)이 손에 잡힐 때까지 자라기를 기다린다(5월 초부터 중순까지).

② 씨앗 심는 날이나 하루 전날에 낫이나 예초기로 풀을 벤다(모종이 아니고 씨앗으로 심을 때는 낫으로 베는 것이 더 좋다).

③ 80×90cm 간격을 두고(비옥한 토양) 포기당 6~8알씩 콩 씨앗을 심는다.

④ 콩과 풀이 같이 자란다.

⑤ 풀들이 10~15cm 자랄 때까지 기다린다(콩도 그 정도 자란다).

⑥ 콩 포기 사이에 있는 풀을 낫으로 베어 콩 포기 밑에 덮어준다(수분 증발을 막고 빗방울에 흙이 튀는 것을 막아 이파리가 건강하다).

⑦ ⑥번처럼 하는 것을 8월 말까지 3회 정도 반복한다.

장점

- 발에 흙이 붙지 않아 우기에도 작업을 할 수 있다.
- 수분 증발을 막아 가뭄을 피할 수 있다.
- 비 올 때 빗방울에 흙이 튀어 작물의 줄기나 잎에 올라붙지 않아 좋다.
- 덮여 있는 잡초의 부식은 토양미생물의 먹이사슬 역할로 비옥한 토양을 만든다.
- 작물 포기 밑에 덮인 풀 속에 지렁이들이 모여들어 뿌리에 산소공급을 돕는다.
- 우기(雨氣)에 유실되는 토양손실을 막을 수 있다.

※ 콩이나 팥 등 두류작물은 퇴비나 비료를 주지 않는다.

콩 꺾기와 타작

콩은 이파리가 노랗게 단풍들고 그 이파리가 몽땅 바닥에 떨어질 때 수확한다. 이때 낫을 대고 낫날의 반대방향으로 젖히면 쉽게 꺾인다. 콩은 뿌

리째 뽑지 않는다. 콩 뿌리에는 질소화합물인 뿌리혹박테리아가 붙어 있기 때문에 뿌리를 밭에서 걷어오는 것은 토양의 영양분을 걷어오는 것과 같다. 그래서 콩(두과 작물)은 뽑는다고 말하지 않고 꺾는다고 말하는 것이다. 꺾은 콩은 너무 크지 않게 단으로 묶어 햇볕이 잘 들고 통풍이 잘되는 곳에 단끼리 서로 마주보게 하여 넘어지지 않도록 세워 건조시킨다. 많은 양을 타작할 때는 건조가 잘된 것을 날씨 좋은 날 탈곡기에 넣어 타작하지만, 양이 적을 때는 원시적인 방법으로 도리깨질을 하거나 손으로 잡고 돌이나 시멘트 바닥에 내려쳐 털 수도 있다. 한낮(오후 1시경)에 하는 것이 좋다. 사람에 따라 다르겠지만 약 3시간 정도면 알곡 10kg 정도를 털 수 있다.

3. 팥

팥 심기

① 씨앗 심는 날이나 하루 전날에 낫이나 예초기로 풀을 벤다.

② 70×80cm 간격을 두고(비옥한 토양) 포기당 7~10알씩 씨앗을 심는다.

③ 팥과 잡초가 같이 자란다.

④ 잡초가 10~15cm 자랄 때까지 기다린다(팥도 그 정도 자란다).

⑤ 팥 포기 사이에 있는 잡초를 낫으로 베어 밑에 덮어준다(수분 증발을 막고 빗방울에 흙이 튀는 것을 막아 이파리가 건강하다).

⑥ ⑤번처럼 하기를 8월 말까지 하면 3회 정도 된다.

    토양이 척박하다면 재식 간격을 30×40cm로 한다. 심는 시기가 콩보다 며칠(약 일주일 정도) 늦기 때문에 만약 콩 심는 시기를 놓쳤다면 팥을 심는 것도 좋은 선택이다. 팥은 콩과 달리 새싹이 올라올 때 비둘기나 다른 새들의 피해를 받지 않으므로 따로 묘를 길러 옮겨 심는 일은 하지 않아도 된다. 만약 고라니가 내려오는 곳이라면 밭가에 들깨를 두 줄 정도 먼저 옮겨 심으면 피해를 막을 수 있다. 다음은 경운하지 않고 늦은 봄 풀 벤 자리에 팥 씨앗을 심고 풀이 약 15cm 정도 자랄 때까지 기다렸다가 낫을 들고 자라난 풀만 베어 팥 포기 밑에 덮어준 그림이다. 그림처럼 콩이나 들깨도 그렇게 김매기를 한다. 요즘 농촌은 노동력 부족으로 무농약 재배가 어려운 것이 사실이다. 그렇지만 의식만 바꾸면 얼마든지 할 수 있다. '요즘 농약 안

뿌리고 농사지었다는 말을 누가 믿느냐?'고 반문하는 사람이 있을지 모른다. 하지만 농약 한 방울 뿌리지 않고 작물을 재배할 수 있다. 물론 상품용이 아니고 자급자족을 목적으로 하기 때문에 큰 부담 없이 도전해본 것이어서 계속 성공할 수 있었던 것인지는 모르지만 무농약·무경운·무비료로 많은 수확을 얻을 수 있다는 것을 확신한다. 만약 판매 목적이라면 경운기나 트랙터 등을 사용하지 않았으므로 무공해·무농약 자연농법 작물이라는 브랜드로 자신의 이름을 걸고 소비자들에게 자신 있게 권할 수 있는 최고급 상품이 될 것이다. 따라서 상품을 목적으로 재배하려는 이는 인턴과정을 거친다는 마음으로 적은 면적을 2년 정도 먼저 경험해보기 바란다.

콩농사 체험기

밭에 콩 씨앗 세우기가 참으로 어렵다. 콩을 직파(밭에 직접 콩 씨앗을 심는 것)했을 때 콩 싹이 흙을 뚫고 올라오기 시작하면 비둘기(산비둘기)가 떼지어와 몽땅 먹어 치운다는 것을 몰라서 첫해는 콩농사에 실패했다(팥이나 녹두강낭콩 등 기타작물은 비둘기나 새들이 먹지 않는다).

어떤 농부는 비둘기가 빨간색을 싫어한다며 콩에 빨간 농약을 묻혀 심는다. 그렇지만 흙을 뚫고 노랗게 올라오는 싹을 비둘기는 그냥 두지 않는다고 한다. 그런 콩 싹을 먹은 새는 머지않아 농약중독으로 앓다 죽을 것 같다는 생각에 나는 그 방법을 선택하지 않고 2년째 되던 해는 콩을 묘판에 길러 옮겨 심기로 했다. 그것은 교과서에도 없는 방법이었지만 예상은 적중했다.

콩을 묘판에 3립(3알)씩 넣고, 마당에서 매일 물을 주며 길러 본잎이 2~3장 나왔을 때 본밭에 이식했다. 농학과 출신답게『두류작물 재배학』을 미리 읽어 보고 포기와 포기 사이의 간격을 정확하게 맞춰 줄을 띄어가며 심었다. 그렇게 옮겨 심은 콩은 시들지도 않고 잘 살았다. 다음 해는 밭에 직접 모를 부어 기른 후 비오는 날 뽑아다 옮겨 심었는데 몸살도 하지 않고 잘 살았다. 이후 지금까지 그렇게 씨를 세워 모종을 옮겨 심는다. 콩이 자라는 동안 같이 자라는 풀을 '잡초'라며 호미로 매주기도 했다. 무더운 여름날 콩 밭을 매본 경험 있는 사람이라면 얼마나 힘든 일인지 알 수 있을 것이다. 또한 김 매야 할 때 비라도 오면 비 그치고 땅의 물기가 잦아들 때까지 기다려야 하는데 그동안 잡초는 무섭게 빨리 자라 작물의 키를 훌쩍 넘기도 했다. 그리고 김을 매었는데 바로 비가 오면 뿌리가 땅에 닿은 잡초들은 그대로 다시 살아나기 때문에 또다시 김을 매줘야 했다.

3년째 되던 해는 밭을 경운하거나 호미로 김 매는 일도 하지 않으며 재배하는 방법을 시도했는데 생각보다 작물이 잘 자라고 수확도 많았다. 김 매는 노동력도 덜 수 있었다. 교과서에도 없는 이 방법을 어떻게 알았을까? 다른 이들이 궁금해할 것 같아서 실토하면 그것은 봄에 깊은 산에 들어가 산나물을 뜯으면서 터득한 것이다. 깊은 산에는 누가 김을 매주거나 비료를 주며 보살펴 준 적도 없는데 키 큰 나무 사이사이에서 우리가 먹을 수 있는 나물들이 다른 풀들과 어울려 아주 튼튼하게 잘 자라고 있는 것을 볼 수 있다. 그때 '우리가 밭에서 재배하는 작물들도 땅을 파거나 풀을 뽑지 않고도 얼마든지 기를 수 있지 않을까?'라는 생각이 들었다. 결과는 매우 만족스러웠다. 현재 8년째 이런 방식으로 농사를 지으며 명(名)하기를 '자연농법(自然農法)'이라고 하였다. 앞으로도 계속 이런 방법으로 농작물을 재배할 것이며 누구에게나 이 방법을 권하려고 한다. 그때 이후 지금까지 아니 앞으로도 계속 자연농법으로 콩이나 팥, 수수, 들깨 등의 작물을 재배할 것이다. 방법은 간단하다. 지난해 추수한 밭을 그대로 놔두면 봄에 수많은 풀들이 자란다. 만약 풀이 자라지 않는 토양은 나쁜 토양이라 곡식 등 다른 작물도 자랄 수가 없기 때문에 많은 종류의 풀이 자랄 수 있도록 토양을 기름지게 만들어야 한다. 다른 곳에서 풀을 베다가 덮어주거나 비료를 줘서라도 일단 풀들이 무성하게 자랄 수 있도록 이끌어내야 한다. 콩이나 팥 또는 옥수수를 심어야 하는 5월(강원도 화천의 경우)이 되면 풀이 20~30cm(비옥한 토양은 그 이상) 정도 자란다. 이때쯤 풀을 베고 그 자리에 작물을 심는다.

콩을 직파하면서 비둘기를 속이는 방법도 있다. 그 방법은 잡초를 낫으로 베어 줄지어 깔아놓고 그 사이에 콩을 심은 후 금방 벤 풀을 3~5cm 이상 두께로 덮어주는 방법이다. 덮여 있는 풀 밑에서 콩이 싹터 올라오는 동안 덮인 풀은 마르고 마른 풀 사이로 햇볕을 받으며 콩 떡잎은 새파랗게 자란다. 본잎이 마른 풀 위로 올라오기 시작하면 비둘기들은 모여들지 않는다.

4. 감자

비 온 다음 날 토양이 수분을 충분히 흡수했을 때 밭 전체에 미리 퇴비나 계분을 듬뿍 뿌리고 두둑을 만들어 멀칭을 한다.

① 밭을 쇠스랑이나 괭이로 한 줄 심기 또는 두 줄 심기 두둑을 만든다.
② 비닐을 씌운다.
③ 감자를 적당한 크기로 씨눈을 맞춰 편을 만든다(볏짚 태운 재에 굴리면 좋음).
④ ②에 25~30cm 간격으로 구멍을 뚫으며 감자 편을 약 5~7cm 정도 깊이 심는다.
⑤ 씨감자 심은 구멍 위에 다시 약 3cm 정도의 흙을 더 덮어 비닐 구멍이 바람에 들뜨지 못하도록 한다.
⑥ 비닐이 덮이지 않은 밭고랑은 풀이 많이 돋아나므로 왕겨나 볏짚을 10cm 이상 두껍게 덮어주면 풀이 돋아나는 것도 막을 수 있지만 수분 증발을 막을 수 있어 좋다.

⑦ 여러 가닥의 줄기가 올라오면 가장 좋은 것 한두 줄기만 남기고 뜯어버린다(수확할 때까지 감자 포기 옆에 돋아나는 풀은 손으로 뽑아줌).

⑧ 감자 꽃이 피고 줄기가 누렇게 되면 날씨가 화창한 날 캔다.

⑨ 수확한 감자는 통풍이 잘되는 창고 안에 펼쳐 신문지 등을 덮어 건조시킨다(감자는 빛을 보면 녹색으로 변하며, 캐고 바로 박스에 담아 두면 썩음).

전혀 부식되지 않은 건초나 신선한 풀을 넣고 밭두둑을 만들 때는 풀 또는 건초 위에 복합비료나 요소비료를 뿌려주면 흙 속에서 발효가 빨리 일어난다. 흙 속에서 발효되는 과정에 열이 발생하므로 가능하면 작물을 심기 최소한 열흘 전에 두둑을 만드는 것이 좋다.

5. 고구마

고구마 밭도 감자 밭처럼 한 줄 심기나 두 줄 심기로 토양수분이 충분할 때 미리미리 두둑을 만들어 비닐을 씌운다.

① 두둑을 만든다.

② 비닐을 씌운다.

③ 고구마 싹을 준비한다.

④ 20~30cm 간격으로 구멍을 뚫는다.

⑤ 싹을 길이대로 옆으로 뉘이며 흙 속에 약 5cm 깊이로 파고, 물을 주며 묻는다(이파리와 순 부분이 흙 속에 묻히지 않도록 주의).

⑥ 주변의 흙을 모아 싹을 심기 위해 뚫은 구멍에 비닐이 들뜨지 않도록 덮

고구마 싹 심기　　　고구마 꽃　　　　　고구마 캐기

어준다.

⑦ 심은 자리에 고구마 새싹과 같이 돋아나는 풀을 뽑아준다.

⑧ 넝쿨이 밭고랑을 완전히 덮을 때까지 3회 정도 풀을 뽑는다.

⑨ 8~9월이면 나팔꽃 모양의 고구마 꽃을 볼 수 있다.

⑩ 서리 오기 전에 수확한다(냉해에 약하기 때문에 일기를 잘 파악할 것).

⑪ 줄기를 먼저 낫으로 걷어내고 비닐을 벗긴 후 호미로 캔다(주변 전체를 파보는 것이 좋음).

⑫ 캐는 즉시 상자에 담아 실온(15도 이상)에서 보관한다(한 달 정도 후에 맛이 더 좋음).

※ 고구마는 덩이뿌리로 멀리 뻗어 자라기 때문에 캘 때 찾지 못 할 수도 있어 주의해야 한다.

6. 야콘

비닐멀칭을 할 경우 밭두둑 만드는 방법은 고구마나 감자 밭처럼 만들면 된다.

① 미리 씌워둔 비닐에 30cm 간격으로 구멍을 뚫고 관아(冠芽)를 싹 나올

눈과 함께 칼로 알밤 크기만큼 오려내어 약 5cm 정도 깊이 심는다.

② ①의 심은 구멍에 뚫린 비닐이 들뜨지 않도록 주변의 흙을 모아 덮는다.

③ 작물 줄기에 끼어 돋아 나오는 풀을 수시로 뽑아준다(3회 정도).

④ 가을 서리 내리기 전에 수확한다. 저온에 약하므로 즉시 상자에 담아 실온에 보관한다(캘 때 공기에 오래 노출되면 터지므로 즉시 덮어두는 것이 좋음).

⑤ 야콘 덩이를 뜯어낸 줄기 뿌리 중앙에 있는 관아는 얼지 않도록 보관하여 다음 해 봄 씨로 쓴다(화분이나 통에 담고 모래나 흙을 덮어 보관).

줄기 바로 밑에 붙어서 생강처럼 자라는 관아를 겨울에 얼지 않도록 저장하여 봄에 밤알 크기만큼 한 쪽씩 칼로 오리거나, 포토에 싹을 키워 밭에 내다 심는다. 볏짚을 두껍게 덮었을 경우 수확도 많았고 맛도 더 좋았다.

야콘 줄기

고구마처럼 생긴 것이 야콘

들깨모밭

7. 들깨

들깨는 귀촌 초보자들이 가장 기르기 쉬운 작물이다. 들깨는 새순이 나오면서부터 쓸 수 있다. 어린 순은 샐러드·겉절이 등으로 사용되지만 어느 정도 자라면 '깻잎'으로 다양한 음식이 되어 식탁을 풍요롭게 꾸며준다. 또한 가을에 노랗게 단풍이 들면 그 잎은 '단풍깻잎'이라고 하여 장아찌용으로 사용되며, 그것의 씨앗인 알곡 들깨는 기름을 짠다든가 믹서에 갈아 체에 밭여 찌개를 끓이는 등 다양하게 쓰이므로 귀촌생활에서 빠질 수 없는 작목이다.

들깨 모 기르기

강원도 화천의 경우 봄 날씨가 따뜻하여 서리가 끝나면 비 온 다음 날 밭에 삽이나 호미 또는 괭이를 이용해 모판(밭)을 만든다. 흙을 보드랍게 한후 줄을 그어 고랑을 만들어 들깨 씨앗을 촘촘히 뿌리고 살짝 덮어준다. 약 500평의 밭에 옮겨 심는다면 모판의 넓이는 약 30~40평이면 적당하다.

모가 자라는 동안 호미로 찍으며 풀을 뽑아주며 모가 왕성하게 자라도록 돕는다(양질의 모종을 옮겨 심어야 뿌리 활착이 빠름).

이식(모종 옮겨 심기)

들깨는 봄에 모를 부어 10~20cm 정도 자랐을 때 비 오는 날이나 비 온 다음 날 토양이 흠뻑 젖었을 때 풀만 베어내고 80×100cm(비옥한 토양일 경우) 간격으로 3~5주씩 옮겨 심으면 일일이 물을 주지 않아도 잘 산다. 그리고 여느 작물보다 왕성하게 자라 농사 경험이 없어도 쉽게 재배할 수 있는 작물이다.

만약 모종을 옮겨 심은 토양이 척박하다면 이양 후 1주일 정도 지났을 때 모종 옆으로 약 10cm 정도 떨어진 위치에 요소비료를 티스푼 하나 정도 주고 옆의 흙을 호미로 긁어모아 덮어주면 잘 자란다.

베기와 타작

들깨는 이파리가 노랗게 단풍 들기 시작하며 깻송이 끝이 약간 갈색으로 변하기 시작하면 바로 베어야 한다. 이때는 약한 바람에도 깨알이 잘 쏟아지므로 낫으로 조심조심 베어 그 자리에 조심스럽게 눕혀 놓아야 한다. 만약 풀 베어 던지듯 하면 깨알이 모두 바닥으로 쏟아져버린다. 넓은 깔판을 펴놓고 그 위에 베어낸 깨 대를 모아다 적당한 크기의 단으로 묶어 세워 말리면 바쁜 시기를 비켜서 타작할 수도 있다. 그러나 산악지대라면 새, 쥐 그리고 다람쥐의 먹이로 많이 잃어버릴 수가 있으므로 즉시 얇게 펴 널어 일주일 정도 건조해 깻송이가 마르면 곧바로 털면 된다.

　깨를 털 때는 반드시 넓은 깔판이 필요하다. 깨는 이파리가 완전히 말랐을 때 터는 것이 좋다. 깔판 위에서 한 손에는 깻대를 다른 한 손에는 손가락 굵기의 막대기를 잡고 마른 깻대를 토닥토닥 두들기면 들깨 향기와 함께 깨알이 잘 쏟아진다. 쏟아진 들깨 알을 잡물과 분리하기 위해서는 굵은 체(얼개미)와 선풍기가 필요하다. 만약 집에서 들깨 밭이 멀리 있다면 얼개미만 들고 가 잡물을 제거하여 밭에 던지고 그릇에 담아 집에 와서 선풍기로 먼지를 날려 보내면 된다. 이때 바람이 너무 강하면 안 된다. 들깨는 가볍기 때문에 물에도 잘 뜨지만 바람에도 잘 날아간다. 들깨는 씻을 때도 100% 물 위에 떠 있다. 조리로 건져 소쿠리에 담을 정도로 가볍다. 따라서 잘 여문 것도 바람에 잘 날린다.

8. 참깨

참깨는 씨앗이 작아 풀 깎으며 재배하기 어렵다. 옛날 방식으로 재배한다면 밭 흙을 경운하여 두둑을 만들고, 흩어뿌리기 해 어느 정도 자라는 동안 솎아내는 방법이 있다. 그러나 이 방법은 씨앗의 낭비와 풀 매는 데 노동력이 많이 들기 때문에 비닐멀칭을 권한다.

① 밭두둑을 괭이나 쇠스랑으로 만든 후 흙을 부드럽게 고른다.
② 검정 비닐을 덮고, 25~30cm 간격으로 비닐에 구멍을 뚫은 후 흙을 한 줌씩 올려놓는다.
③ 비닐 구멍 바로 위쪽 흙에 손가락으로 살짝 구멍을 내 씨앗을 5~8알을 넣고 살짝 덮어준다(3~5일 후 싹이 올라옴).
④ 싹이 나오면 본잎이 두세 장 나왔을 때 4본 정도만 남기고 솎아낸다.
⑤ 약 5cm 정도 자라면 2차로 솎아주고, 1~2본만 남긴다.

참깨꽃

깻망아지 벌레   수확한 깻대

⑥ 꽃 피고 씨앗이 자라는 동안 깻망아지라는 벌레가 이파리를 몽땅 갉아먹을 수도 있으므로 잘 살펴보며 잡아줘야 한다(그 벌레는 누에보다 더 크게 자람).

⑦ 깻잎이 누렇게 변하고 깻송이가 밑에서부터 한두 개 벌어지기 시작하면 깔판을 펼쳐 놓고 낫으로 베어 같은 방향으로 담아 놓는다.

⑧ 적당한 크기로 단을 묶어 통풍이 잘되며 비 맞지 않는 곳에 서로 마주보게 하여 세운다.

⑨ 줄기와 깻송이가 말랐을 때 깔판을 펼쳐 놓고 그 안에서 깻단을 거꾸로 세워 들고 막대기로 토닥토닥 두드린다.

⑩ 얼개미로 잡물을 걸러낸 후 다시 선풍기 바람으로 찌꺼기 잡물을 날린다.

⑪ 통풍이 잘되는 곳에 펼쳐 3~4일 더 건조시켜 보관한다.

9. 김장채소

가을 김장채소는 그 지역의 기후와 토질에 따라 품종이 다르므로 농토가 있는 지역의 농업기술센터나 그 지역 종묘상에 문의하는 것이 좋다.

김장채소 밭에도 고랑에 볏짚이나 왕겨 또는 길가에서 자라는 풀을 베다 두껍게 덮어준다. 만약 주변에 옥수수대가 있다면 그것을 베어 덮어줘도 좋다. 그렇게 하면 밭에서 벌레 잡으러 다닐 때 발에 흙이 붙지 않을 뿐만 아니라 낮에 햇볕을 흡수하여 일몰 후에 급격한 지온 하강을 막아준다. 그리고 다음 해 봄까지 그 자리에서 땅속 벌레들을 길러내고 그 벌레들은 먹이사슬로 다음 작물 재배에 도움을 준다.

김장배추 모종은 전문적으로 길러 판매하는 이들이 많다. 봄부터 여름 김장채소까지 모종을 길러 판매하므로 언제든지 계절에 맞는 모종을 구매하여 심을 수 있다. 그러나 직접 모판에 씨앗을 넣어 길러서 옮겨 심을 수도 있으므로 그때그때 시기에 맞춰 길러보는 것도 좋다. 김장 무나 당근은 씨앗을 사다 본밭에 직파하는 것이 좋다. 겨울이 빨리 오는 지역은 7월 중하순경이면 묘판에 배추모를 기르기 시작하여 8월 초순에 본밭에 옮겨 심고, 무는 8월 초에 직파하는 것이 좋다.

배추 모 심기

① 미리 만들어 놓은 두둑에 35×60cm 간격으로 비닐 위에 구멍을 뚫는다.

② 직경 3cm 이상의 막대기로 눌러서 ① 구멍에 5cm 깊이의 홈을 낸다.

③ 주전자에 물을 담아 구멍에 가득 채운다(흙이 즉시 젖음).

④ 배추 모종을 하나씩 구멍마다 넣고 살며시 바닥과 밀착시킨다.

⑤ 주변의 흙으로 어린 이파리에 흙이 묻지 않도록 조심스럽게 공간을 채운
　다(구멍 뚫린 비닐이 들뜨지 않도록 흙으로 눌러줌).

⑥ 배추 포기가 다 자랄 때까지 매일 벌레를 잡아준다(배추밭 위에 가늘고 얇
　은 모기장을 치면 나비가 들어갈 수 없기 때문에 벌레를 막을 수 있음).

⑦ 서리가 내려도 배추는 얼었다가 다시 녹는다. 수확할 때는 오후가 좋다.

무

　무도 배추처럼 비닐을 씌우고 재배할 수 있지만 흩어뿌리기를 하여 솎아
내기도 한다. 무는 배추에 비해 냉해를 잘 받으므로 가을 일기예보에 귀를
기울여야 한다. 만약 기온이 영하로 내려가면 냉해를 입게 되므로 미리 뽑

9월에 뿌린 열갈이배추

아 땅속에 묻어두었다가 김장할 때 사용한다.

기타 김장채소

김장용 무나 포기배추를 제외한 나머지 가을 채소는 비닐멀칭을 하지 않고 흩어뿌리기 하는 것이 좋다. 만약 비닐 포장 위에 정해진 개수만 심으면 솎아 먹을 것이 없으므로 농사짓는 재미가 줄어든다. 이때 포기배추 씨앗은 값이 고가이기 때문에 얼갈이용 배추 씨앗을 따로 구매하여 흩어뿌리기 하면 좋다. 이 씨앗은 잎채소를 목적으로 기르기 때문에 언제든지 원하는 시기에 뿌려 잎채소를 얻을 수 있다. 8월 또는 9월 초쯤(강원도 화천 기준)에 흩어뿌리기 하여 솎아 먹다가 남은 것을 그대로 밭에서 겨울을 지내면 이른 봄에 들나물처럼 새순이 올라온다. 또 그 새순(봄동)을 적당히 솎아 먹다가 남으면 4월 말이나 5월 초쯤에 노란 꽃이 피며 씨앗을 남긴다. 그 씨앗은 무 농약 씨앗이기 때문에 겨울에 새싹을 길러 먹으면 좋다. 당근이나 대파 또는 갓도 얼갈이용 배추처럼 기르면 씨앗을 얻을 수 있다.

5장

농촌생활 갈무리

봄부터 얼음이 얼기 전 겨울까지 시골에서는 갈무리 작업을 한다. 토양에 의지하고 자라는 모든 식물들은 온도와 습도, 일조량에 따라 제각기 생장과 성숙시기가 다르기 때문에 갈무리 작업을 통하여 그때그때 생산되는 것들을 버리지 않고 훗날 식재료로 또는 기타 이용 가능하도록 하는 것이다.

계절에 따라 건조(삶아 말리거나 썰어 말리기 등)·발효·염장 등을 하는데, 농작물 중에서 그때그때 먹고 남은 잉여작물 또는 들나물·산나물을 뜯어다 삶아 말리거나 장아찌·쨈·병조림·식초·효소 등을 만드는 것이다. 그뿐 아니라 계절에 따라 사용하던 농기계들을 그때그때 흙을 잘 털고 닦아 기름을 쳐주고 건조하여 눈비나 먼지가 쌓이지 않도록 저장고에 넣어두거나 비닐 등을 씌워 두는 일도 중요하다.

봄

- **산나물·들나물** : 삶아 말리기와 발효시키기
- **과일** : 앵두, 딸기, 베리 종류, 매실, 살구 등 쨈 또는 병조림과 말리기, 발효시키기

여름

- **들나물** : 삶아 말리기와 발효시키기
- **과일과 과채** : 오디, 복숭아, 참외, 오이, 토마토, 고추와 옥수수 등 병조림, 피클, 쨈 또는 말리기와 발효시키기
- **마늘, 감자** : 적기에 캐서 저장한다. 통마늘은 줄기를 다섯 개씩 잡아 볏짚이나 기타 끈으로 엮어 그늘에서 건조시킨다. 감자는 열흘 정도 그늘에서 건조시킨 후 박스에 담아 그늘지고 통풍이 잘되는 서늘한 곳에 저장한다. 상처 났거나 너무 작은 것은 깨끗이 씻어 녹말가루를 만든다.

서리 내리기 전

고구마와 무, 토란, 야콘, 비트 등은 서리 내리기 전에 수확해야 한다.

- **토란줄기, 고구마 줄기, 토란줄기, 무청, 배추 겉이파리** : 날것을 엮어 말리거나 삶아 말린다.
- **토란, 야콘, 비트, 당근, 고구마** : 고구마는 저장할 때 15도 이하로 내려가면 냉해를 입어 썩는다. 토란과 야콘, 비트, 당근은 5도 이상의 온도에 적당한 습도(85% 이하)를 유지하면 저장기간이 길어진다(토굴이 있다면 다음 해까지 보관 가능).
- **풋고추와 고추잎** : 서리 맞으면 쓸 수 없다. 풋고추는 찹쌀 풀을 발라 말리

거나 피클 또는 젓갈이나 간장, 소금을 이용하여 장아찌를 만들고, 이파리는 삶아 말려 튀각이나 무침으로 활용한다(찹쌀 풀을 발라 말린 고추는 튀각용이다).

- **무** : 뽑아서 땅속 깊이(지하 60cm 이하) 구덩이를 파고 필요할 때마다 꺼내기 쉽게 묻어둔다.

- **다음 해 봄 종묘로 사용할 야콘 관아(배아덩이)** : 화분에 모래와 담아 얼지 않도록 보관한다.

- **수수** : 수수는 완전히 여물면 이삭이 붉은 갈색으로 변한다. 이때 이삭을 좀 길게 잘라 묶음으로 다발을 만들어 줄을 띄우거나 걸어 놓을 수 있는 덕을 만들어 걸쳐 둔다. 완전히 마르면 위의 콩 터는 방식으로 털면 수수 알맹이가 잘 떨어져 나온다.

제3부

귀농·귀촌
소일하기

1장

새싹기르기

1. 씨앗 활용법

우리가 먹는 곡식은 모두가 씨앗이다. 쌀의 전 단계인 벼나 보리, 밀, 옥수수, 수수, 메밀 또는 참깨나 들깨, 콩, 팥 등 모든 것을 말한다.

우리는 옛날부터 먹던 것이 아니면 주변에 흔하게 널려 있어도 먹어볼 생각을 하지 않는 경향이 있다. 그러나 TV에서 누군가 "무엇을 어떻게 먹으면 건강에 좋다"라고 말하면 그때부터 건강에 좋다는 '그 무엇'을 찾으려고 아우성이다. 예를 들면 '쇠뜨기 풀'과 '새싹채소' 등이 바로 그것이다.

사실 우리가 현재 음식으로 먹고 있는 것들은 TV에서 어느 유명인이 말하지 않았더라도 모두가 인체에 유익한 것들이라고 봐야 한다. 그런 것들에는 어느 과학자가 분석해 낸 성분 외에 과학적으로 밝혀내지 못한 미지의 성분들이 이루 말할 수 없이 많다고 봐야 한다. 또한 그 성분이 인체에 이로운 것으로 밝혀졌다고 해도 사람마다 체질이 다르기 때문에 어떤 이에게는 참으로 유익하지만 또 어떤 이에게는 유해한 성분이 되어 신체에 부작용이 나타나기도 한다는 것을 명심해야 한다.

언젠가 TV에서 쇠뜨기 풀이 만병통치약처럼 알려지면서 그 풀을 끓여 먹고 부작용으로 고생했다는 이야기도 들었다. 쇠뜨기 풀처럼 우리가 늘 먹어오지 않던 것을 갑자기 먹게 되면 이처럼 부작용으로 나타나기도 한다. 또한 요즘 들어 많은 이들이 새싹을 선호한다. 그것도 TV를 탔기 때문일 것이다. 우리 조상들은 TV가 없던 시절부터 콩나물과 숙주나물(녹두나물)을 길러 먹었고 밀이나 보리로 싹을 길러(엿기름) 식혜나 엿을 만들었으며, 1960년대 말경에도 각 가정에서 콩나물과 숙주나물(녹두 싹) 그리고 고추씨앗의 싹과 메밀 싹을 길러 먹는 것이 잠시 유행처럼 일어났다. 2000년대 들어와 '새싹 길러 먹기'가 또 유행처럼 퍼지더니 새싹을 즐겨 먹는 이들이 꾸준히 늘어가는 추세다. 요즘은 일부러 기르지 않더라도 아무 때나 채소 가게나 음식점에만 가도 새싹채소를 접하게 된다. 많은 이들이 이렇게 새싹을 지속적으로 찾는 것도 TV의 영향인 것 같다.

요즘 나는 그 새싹채소를 볼 때마다 생각나는 일이 있다. 귀촌생활 7년째 되던 해 초가을 아랫동네 자주 가던 집에서의 이야기다. 겨울에 새싹을 길러 먹으라면서 한 홉 정도의 무씨와 배추 씨앗을 주었다. 2년 동안 모은 것이라고 한다. 그에게 내년 김장거리 심을 때 쓰라고 했더니 묵은 씨앗은 종(추대)이 올라온다면서 인천 사는 큰딸 네도 이만큼 컸다고 한다. 내가 놀란 눈으로 그의 얼굴을 바라보며 "언제 줬어요?"라고 하자, 그는 "왜? 뭐가 잘못됐어! 먹으면 안 되나?" 하며 근심스러운 눈으로 나를 바라보았다. 식용 새싹은 싹을 틔워서 곧바로 날것으로 먹기 때문에 약품처리를 하지 않지만 김장용 종자는 종묘회사에서 약품소독을 했기 때문에 새싹으로 길러먹는 것은 위험하다. 그리고 요즘은 묵은 배추 씨앗이나 무 씨앗을 심어도 추대가 올라오지 않는다.

　나는 시골 생활 2년째 되던 해 여름 종묘상에 들러 처음으로 김장채소용 무 종자와 배추 종자를 구입했다. 그때 겉표지에 적혀 있는 유통기한 3년을 보고 놀라지 않을 수가 없었다. 내 머릿속에는 묵은 무 씨앗이나 묵은 배추 씨앗을 심으면 추대가 올라온다고 입력되어 있었기 때문이다. 그 씨앗을 3년 동안 시험 삼아 심어보면서 과학은 참으로 위대하다는 것을 새삼 느꼈다.

　40여 년 전 내가 농학도일 때 묵은 무나 배추 씨를 심으면 분명히 추대(종)가 올라왔는데 그런 현상을 '버날리즘 현상'이라고 하여 그 현상을 벗길 수 있는 것이 농업 과학의 숙제라고 배웠다. 귀촌하여 무, 배추 씨앗을 3년 동안 묵혀가며 재배했을 때 추대가 생기지 않는 현상을 보며 과학이 그 숙제를 풀어놓았다는 데 놀라지 않을 수 없었다.

　요즘도 60~70대 이상 노인들은 묵은 씨앗을 심으면 추대가 올라온다는 생각 때문에 뿌리고 남은 씨앗을 이웃에게 나눠주는 것으로 보아 그 베일을 벗긴 지가 그리 오래되지는 않은 것으로 추정된다.

　농업과학의 발달은 나에게 신비만을 안겨주지는 않았다. 농사짓기 시작한 지 3년쯤 됐을 때 종자의 자급자족이 어렵다는 것도 알았다. 1960년대에는 많은 이들이 종자를 자급자족했다. 작물을 기르면서 가장 우수한 것을 골라 종자용으로 저장했다가 다음 해 씨앗으로 서로서로 나눠 심기도 했다. 물론 수확량이 현재보다 월등히 뒤떨어진 것은 사실이다. 그러나 내년을 위해 씨앗을 받아 정성들여 말리고 보관했다가 이웃과 서로 종자를 바꿔 심는 즐거움도 농민만이 맛볼 수 있는 것이었다.

　그렇게 옛 생각을 하며 크고 잘생긴 고추를 따로 말렸다가 다음 해 그 씨앗을 심어 길렀을 때 형편없는 결과를 얻었다. 생각해 보니 육종학의 발달

봄에 돋아난 배추 새순

로 농가에서 재배했을 때 우성만 나타나도록 개량한 종자였기 때문에 다음 세대에서 열성만 나타났다는 것을 눈치 챌 수 있었다.

다음 해는 또 크고 달며 잘생긴 수박 씨앗을 따로 받아뒀다가 심어보았다. 역시 실패였다. 그 후부터 배추, 무, 고추, 수박은 종묘상에서 구매하여 심었다. 콩이나 팥, 땅콩, 옥수수, 수수, 들깨, 참깨, 메밀 등을 재래종만 고집하느라고 노인들이 농사짓는 집을 찾아다니며 수십 년 동안 길러오는 종자를 구해다 심는다. 오이씨도 재래종으로 구해다 심었다.

생각해 보면 재래종 종자수가 점점 줄어들어가고 있어서 안타깝기도 하다. 초보 농부라면 원하는 작물의 종자를 농업기술센터나 종묘상에서 구입하면 우수한 농작물을 수확할 수 있다. 참외와 재래종 오이씨를 제외한 배추나 무, 고추, 수박 등을 집에서 채취한 씨앗을 심으면 열성만 나타나기 때문에 농사를 망칠 수 있다고 말하고 싶다.

옥수수도 종묘상에서 구매한 씨앗에서 열린 것을 좋은 종자로 알고 얻어다 심었더니 줄기는 무성한데 알이 드문드문 박혀서 먹을 것이 없었다(이곳 사람들은 '사마귀졌다'라고 함). 옥수수도 재래종을 구할 수 없다면 종묘상에서 신품종을 구매하는 것이 좋다. 그러나 새싹용 씨앗이라면 집에서도 얼마든지 채취하여 활용할 수 있으므로 그 방법을 지금부터 적어본다.

2. 새싹용 씨앗 채취하기

새싹용은 우수한 품종일 필요가 없기 때문에 종묘상에서 큰 금액을 드리고 구매할 필요가 없다. 귀촌생활을 하면서 간단한 방법으로 많은 씨앗을 채취하여 활용하는 것도 시골 생활의 재미며 지혜다. 그 방법을 여기에 소개한다.

가을에 김장하고 남은 무를 땅속 깊이 묻어둘 때 순무 또는 비트나 근대 뿌리, 토란, 야콘 관아 등도 같이 묻어두면 봄에 움 속에서도 저마다의 예쁜 새순이 나온다. 봄에 그 새순이 나온 뿌리들(무, 근대, 순무, 비트)을 밭에 옮겨 심으면 새순이 자라면서 많은 꽃대가 올라오고 저마다 푸짐하게 꽃을 피운다. 그것들은 6월이면 누렇게 씨앗이 여문다. 씨앗이 완전히 여물었을 때 뿌리째 뽑아서 말린 다음 깔판을 펼쳐놓고 장갑 낀 손으로 비비면 씨앗은 힘 안 들이고 잘 빠져 나온다. 이렇게 채취한 씨앗들은 새싹을 길러먹는 것도 좋지만 여름부터 가을 김장거리를 심기 전까지 엇갈이용으로 밭에 뿌려도 좋다.

배추 씨앗, 갓 씨앗(강원도 화천 기준)
① 9월 초중순경에 단배추 씨앗이나 갓 씨앗을 겨울에도 햇볕이 잘 드는 쪽에 흩어뿌리기를 한다.
② 자라는 동안 큰 것으로 솎아 먹는다.

③ 나머지를 겨울동안 그대로 둔다(덮어주지 않아도 됨).

④ 봄에 연두색의 이파리가 들나물처럼 돋아나면 적당히 솎아먹는다.

⑤ 얼마 지나지 않아 추대와 함께 유채꽃처럼 노란 꽃이 핀다.

⑥ 꽃잎이 시들며 씨 주머니가 생기고 그 속에 씨앗이 자란다.

⑦ 6월이면 씨 주머니가 누렇게 익는다.

⑧ 뿌리째 뽑아 볕이 잘 들고 비 안 맞는 곳에 줄기를 걸어 말린다.

⑨ 깔판을 펴고 장갑 낀 손으로 비벼 씨앗을 분리한다.

⑩ 겉껍질을 바람에 날려 버리고 씨앗만 따로 그늘에서 1~2일간 건조한 후 보관한다.

배추씨앗은 엇갈이용으로 봄부터 가을까지 그때그때 뿌릴 수 있다. 이렇게 채취한 씨앗은 한 해 묵히면 추대가 올라오므로 잎채소용으로는 부적합하지만 새싹용으로는 적합하다.

대파 씨앗

① 이른 봄에 씨앗을 촘촘히 뿌린다(바늘처럼 가늘게 자라남).

② 여름에 젓가락 굵기만큼 자란 것을 뽑아 약 10cm 간격으로 포기당 3개씩 집어 본밭에 모종한다.

③ 가을 동안 솎아가며 뽑아 먹고 겨울을 난다.

④ 이른 봄에 들나물처럼 새싹이 올라오며 꽃대도 올라온다.

⑤ 6월이면 꽃송이가 씨앗송이로 변하며 까만 씨앗이 보인다.

⑥ 비 오는 날을 피하여 씨 송이를 따 햇볕에 잘 말린다.

⑦ 장갑 낀 손으로 비벼 씨앗을 분리하고 잡물을 바람에 날려 버린다.

⑧ 위의 씨앗처럼 보관한다.

※ 대파 씨앗은 묵으면 발아하지 않는다. 예를 들어 2005년 여름에 씨앗을 채취했다면 2006년 봄에는 발아하지만 2007년부터는 발아를 멈춘다. 쉽게 말해서 죽은 씨앗이다. 죽은 씨앗이 되기 전에 이웃과 서로서로 나누는 것도 좋다. 나눠줄수 없는 형편이라면 참깨처럼 볶아 믹서에 갈아 유리병에 담아 냉장 보관하고 국이나 찌개 또는 기타 음식 양념으로 먹기 바로 전에 첨가하면 좋다.

씨앗은 신선한 채소가 없는 겨울에 새싹을 길러먹을 수도 있지만 기름을 짜서 먹을 수도 있다. 우리가 공장에서 정제한 콩기름이나 옥수수기름 등을 먹는 것도 편리해서 좋지만 각자가 재배한 들깨나 참깨뿐 아니라 위의 씨앗을 이용하여 기름을 짜면 천연의 무공해 식용유로 한몫할 수 있다.

3. 새싹 기르기

새싹채소란 샐러드(salad) 등 채소로 먹을 수 있는 새싹을 말한다. 새싹채소를 기르는 방법은 봄부터 가을까지 자연상태의 토양에서 기르는 방법과, 겨울에 도구를 이용하여 인위적인 환경을 조성하여 기르는 방법이 있다. 여기서는 겨울에 새싹 기르는 방법을 소개 한다.

종전에는 새싹을 기를 때 배수가 원활한 용기 바닥에 부직포나 천으로 된 보자기를 깔고 물을 주어 길렀다. 그 방법도 좋지만 모래를 이용하여 기르는 방법을 소개한다.

경험에 의하면 콩나물이나 숙주나물은 기르는 용기 바닥에 부직포나 보자기를 깔고 기를 때 물만 잘 주면 잔뿌리가 돋아날 확률이 적어 뿌리끼리 서로 엉키지 않고 잘 뽑힌다. 그렇지만 메밀이나 보리, 밀 등 다른 씨앗들은 솜털같이 가는 뿌리들이 많기 때문에 뿌리끼리 서로 엉켜 붙거나 부직포나 보자기 실오라기 틈 사이에 파고들어 가기 때문에 몇 번 사용하지 못하고 바닥에 깔던 것을 버려야 하는 불편이 따랐다. 모래에 싹을 기르면 그런 불편을 해소할 수도 있지만 씨앗의 발아율도 높은 것을 느꼈다. 모래가 씨앗에게 자연조건의 토양에 가까운 영향력을 미치는 것 같다.

먼저 새싹채소로 먹을 수 있는 씨앗은 어떤 것들이 있는지부터 알아야 한다. 우리가 보편적으로 먹을 수 있는 것의 씨앗이면 모두가 가능하다. 그 중에는 보리나 밀 또는 현미, 메밀, 조, 수수, 옥수수, 기장을 비롯한 곡식과, 콩·녹두와 같은 두류와, 들깨·대파·마늘·고추 씨앗 등의 양념용 씨앗도 있다. 그리고 채소 씨앗인 무 씨나 배추 씨, 갓 씨, 청경채 씨, 비트 씨, 근대 씨, 브로콜리 씨, 알파파 씨 등도 있다.

우리가 즐겨 먹을 수 있는 것의 씨앗 중에는 새싹으로는 먹을 수 없는 것도 있다. 시험 삼아 길러본 호박 씨와 참외 씨, 참깨 씨앗이 그렇다. 이런 종류의 씨앗은 볶았을 때 고소한 맛이 입맛을 돋우기도 하고 영양분이 풍부하여 우리 몸에 유익하다고 알려져 있다. 그러나 그것의 새싹은 과학적으로 성분 분석을 해보지 않아서 독성 여부는 알 수 없었지만 쓴맛 때문에 채소로서 먹을 수가 없었다.

생각해 보면 과학이 발달하지 않았던 그 옛날 우리 조상들의 지혜는 대단한 것 같다. 겨울에 따뜻한 아랫목에서 콩나물과 숙주나물을 길러 풍성한 식탁으로 건강을 지켰고, 보리나 밀을 싹 낸 후 '엿기름'을 이용하여 식혜나 엿을 만들어 먹었으며, 밭에서 자라는 밀이나 보리 싹을 솎아다 된장국을 끓여 먹었다. 이른 봄에는 들녘에서 돋아나는 새싹이나 나뭇가지에서 돋아나는 새순을 뜯어먹으며 봄을 지냈다.

또한 장(간장) 담그는 계절을 생각해 봐도 그 지혜가 훌륭하다는 것을 알 수 있다. 음력 2월에 장을 담그면 제사음식을 만들 수 없다고 하여 정월이나 3월에만 담근다고 했다. 요즘도 시골에 가면 그렇게 한다. 우리 조상들은 정보가 어둡던 그 옛날에도 봄이면 중국에서 황사가 온다는 것을 알고 있었기 때문일 것이다. 음력 2월이면 양력으로 3, 4월이다. 이때는 황사가 많은 계절이다. 그 황사가 장항아리 속으로 들어가는 것을 피하기 위해 음력 2월을 피해 장을 담그라고 한 뜻일 것이다.

현대에 사는 우리는 행복하다. 많은 과학자들이 식물이나 식품 하나하나에 성분분석을 하고 그 성분이 인체에 미치는 영향에 대하여도 세밀하게 발표한다. 우리는 그들의 노력으로 건강한 삶을 누릴 수 있으니 얼마나 행복한가?

새싹 기르기 준비물

씨앗(본인이 원하는 것), 배수가 잘되는 용기(바닥이 넓적한 소쿠리 또는 시루), 모래(맑은 물이 나올 때까지 물로 깨끗이 씻어 물기를 뺄 것), 물 빠짐이 좋은 부직포나 보자기, 물받이용 쟁반

메밀 싹 기르기

① 씨앗을 정한다(한꺼번에 너무 많이 기르지 말 것).

② 씨앗을 물에 하룻밤 담근다(물을 충분히 부을 것).

③ 소쿠리에 부직포를 깐다.

④ 약 3~5cm 두께로 소쿠리 안에 모래를 골고루 깐다(씨앗 위에 덮을 모래를 남길 것).

⑤ 물에 불린 씨앗을 건져 물기를 완전히 뺀 후 모래 위에 촘촘히 뿌린다.

⑥ 씨앗이 보이지 않을 정도로 모래를 덮는다.

⑦ 물받이용 쟁반에 물을 채우고 ⑥을 내용물이 움직이지 않도록 올려놓는다(소쿠리 밑으로 모래가 물을 흡수함).

⑧ 물받이용 쟁반에 물이 없을 때 쟁반에 물을 채워준다.

실온(20~23도)에서 새싹이 자라나는 속도는 씨앗에 따라 약간씩 차이가 난다. 무나 배추씨앗 싹은 5~6일이면 뽑을 수 있으며, 메밀 싹이나 들깨 싹

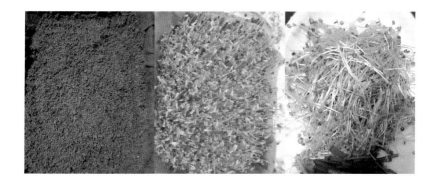

은 8~10일 걸린다(키를 10cm 이상 기를 수도 있다).

메밀 싹은 솜털 같은 잔뿌리가 많기 때문에 뿌리째 뽑으면 세척하는 데 어려움이 많으므로 요리할 때는 밭에서 부추 베듯 칼로 베어내는 것이 좋다. 베어낸 나머지 모래는 다시 넓은 그릇에 물을 충분히 붓고 손으로 저으면 뿌리가 위로 떠 올라오므로 따로 건져 버리면 된다. 무 싹이나 들깨 싹은 잔뿌리가 많지 않아 뿌리째 뽑아 씻으면 모래가 잘 떨어진다(뽑을 때는 모래가 물을 충분히 흡수한 후에 뽑는다). 물에 씻을 때는 그릇에 물을 받아놓고 그 안에서 씻는다. 이때 떨어져 나오는 모래는 버리지 말고 물기만 따라버리고 다시 사용한다.

콩나물은 광(光)을 받아 콩 조각이 새파랗게 되면 맛이 떨어진다. 숙주나물이나 콩나물은 까만 보자기를 씌워야 노란 싹을 길러낼 수 있으며 물도 자주 줘야 잔뿌리가 없어 좋다.

4. 새싹 이용하기

채소용 새싹(메밀 싹 포함)은 식성에 따라 샐러드 또는 초고추장이나 초간장을 만들어 즉석에서 버무려 먹거나 비빔밥에 넣어 먹는 등 주로 밥과 함께 활용한다.

곡식 싹은 1~2cm 정도 길러 그늘에서 건조시키거나 냉동실에 넣어두고 잡곡밥에 섞을 수도 있다. 즉석에서 믹서에 갈아 식혜를 만드는 데 활용할 수도 있다. 또한 곡식 싹은 5cm 이상 키워 된장찌개를 끓일 때 조미료(파, 마늘)처럼 양념으로 이용해도 좋다.

2장

나물 캐기

1. 들나물

강원도 화천의 자연은 4월에 대문을 활짝 열어 놓고 아무나 들어와 놀다 가라고 손짓하는 것 같다. 부지런한 벌, 나비랑 풀꽃들이 바람을 휘날리며 드나들고, 아이와 아낙들이 나물바구니를 옆에 끼고 드나들어도 즐겁게 환영한다. 자연은 이렇게 우리를 편안하게 해주는 안식처다. 누구나 자연이 주는 편안함으로 행복을 바란다면 농촌생활보다 더 좋은 길은 없을 것이다. 시골은 생활 자체가 마음을 편안하게 지낼 수 있기에 자주 행복함을 느낄 수 있는 듯하다.

들판에서부터 산꼭대기까지 올라가며 파릇파릇한 새싹과 울긋불긋한 꽃들이 피어나지 않으면 봄은 없는 것이며, 그 안에서 벌, 나비들이 춤추고, 새들이 사랑 노래를 불러대지 않아도 봄은 없는 것이다. 시골 사람들이 저

둥글레 싹 / 다래 / 봄 들나물 / 노루궁둥이버섯

마다 이름을 걸고 돋아나는 나물을 뜯을 수 없다면 봄은 없는 것이며, 너울 거리는 아지랑이를 볼 수 없고, 밭갈이 하는 농부가 보이지 않는다면 그 봄 은 슬픈 봄일 것이다.

시골 생활에서 마음을 즐겁게 하는 것들 중에는 봄이면 돋아나는 달래, 냉이, 쑥, 그리고 씀바귀, 민들레, 질경이, 망초 대, 고들빼기들도 한몫을 한 다. 이것들은 물주며 김 매주고 가꾸지도 않았지만 봄만 되면 돋아나 잃어 버린 입맛을 채워 주니 감사하다. 부지런한 이는 봄나물을 뜯어다 된장국 을 보글보글 끓이고 조물조물 무치는 재미가 눈 안에서 나비처럼 춤을 추 니 더욱 행복하다.

농촌생활에서 행복을 주는 것은 그것뿐이 아니다. 텃밭에 나가 풋고추 몇 개 따고 대파 한 뿌리 뽑아 보글보글 끓는 된장찌개에 넣을 때다. 그렇게 행복할 때는 누군가 바보라고 비아냥거려도 밉게 들리지 않으니 아옹다옹 싸울 일이 없어진다.

들나물 알고 캐기

예전에는 봄에 빈 밭이나 논밭 언덕에 가면 나물종류가 꽤 많았다. 최근에는 빈 밭에도 논밭 언덕에도 나물이 많지 않다. 혹 있다 해도 그 종류가 많이 줄었다. 그 이유는 제초제의 등장 때문인 것 같다. 그 제초제는 나물종류만 말살시키는 것이 아니라 나물이 자라는 토양의 미생물까지 말살시키고 인체에도 해를 준다는 것을 알 만한 이들은 다 알고 있을 것이다.

그렇지만 제초제가 농부들에게는 필요악이다. 농촌 인구의 저하와 고령화로 노동력이 부족하기 때문에 제초제가 해롭다는 것을 알면서도 어쩔 수 없이 사용하는 이도 있기 때문에 필요악이라고도 한다. 그래서 봄에 나물 캐러 다닐 때는 지난해에 제초제를 많이 살포한 곳인지 확인하며 캐야 한다. 들녘을 다니다 보면 마른 풀도 없으며 흙이 드러나거나 유난히 잔돌들이 많이 보이는 곳이 있다. 그런 곳에는 지난해에 제초제를 많이 뿌렸기 때문에 풀이 자라지 못한 것이다. 그런 곳에서는 먹는 나물이 자라고 있어도 뜯거나 캐지 말아야 한다. 토양이 제초제에 중독되어 있기 때문에 나물도 좋지 않다.

과수원을 지나다 나물이 많은 것을 보면 누구나 캐거나 뜯고 싶어질 것이다. 그런 곳에서 나물을 채취하는 것도 위험한 행위다. 과수원은 꽃이 피기 전부터 해충 방지를 위해 살균살충제를 살포하기 때문에 절대로 먹어서는 안 된다. 이른 봄 과수원에서 살포하는 농약은 과일이 열렸을 때나 일반 채소밭에 주는 것과는 많이 다르다. 쉽게 말해서 나무에 살포하는 농약은

접착력이 강해서 빗물에도 쉽게 씻겨나가지 않는 성질을 가진 약이 많다.

자동차가 많이 다니는 도로가에서 채취하는 것도 안 된다. 가끔 자동차를 타고 지나다 보면 도로가에서 나물을 캐거나 나무열매를 따먹는 것을 볼 수 있다. 도로가에는 수많은 자동차들이 지나다니며 매연을 뿜어낸다. 그 매연 속에는 동식물에게 해로운 물질들이 포함되어 있기 때문에 오염된 것들이다. 그것들은 인체에 나쁜 영향을 준다고 알려져 있다. 특히 제초제에 오염되거나 살균 살충제가 뿌려진 곳에서 채취해서는 안 된다고 다시한 번 더 강조하고 싶다.

산촌에 사는 이들은 봄이면 많은 이들이 수액(고로쇠·자작나무·다래나무 등)을 받아 마시며 즐거워한다. 춘천에 사는 어떤 이가 산에 가는 번거로움을 덜고 가까이에서 수액을 받기 위해 고로쇠나무를 마당에 심었다고 한다. 그는 제법 크게 자란 나무에 구멍을 뚫어 수액을 받았으나 수액에서 하수도 썩은 냄새가 나서 먹을 수 없어 몽땅 버렸다고 했다. 이것은 토양의 질이 식물에 미치는 영향을 말해주는 것이다.

2. 산나물

산나물은 들나물에 꽃대가 올라올 때쯤부터 채취하게 된다. 낮은 산 양지바른 쪽에 홑잎나물부터 시작하여 다래 순, 취나물이나 고사리 등을 6월(강원도 깊은 산)까지 얻을 수 있다. 그 산나물을 채취할 때는 들나물처럼 평평한 곳을 다니는 것이 아니라 험준한 산속을 헤매야 하기 때문에 초보자들은 절대로 혼자 다녀서는 안 된다. 뱀이라든가 벌 등 기타 해충의 공격을 받을 수도 있으므로 복장도 신중해야 하며 방향을 잃어 산속에서 헤매게

될 때를 예측하여 도시락 외 간식거리를 넉넉히 준비하는 것도 좋다.

조상 대대로 산에서 살았다는 산사람 말에 의하면 누구나 깊은 산에 들어갈 때는 지켜야 할 규칙이 있다고 하는데 그 규칙은 다음과 같다.

① 닭고기나 개고기를 먹지 말아야 한다.
② 산 입구에서부터 정갈한 마음을 가지고, 험한 마음이나 욕심을 버린다.
③ 무엇인가 얻으러 갔을 때는 경건한 마음으로 산을 바라보며 "나물 또는 약초를 얻으러 왔습니다"라고 마음속으로 청해야 한다.
④ 산에서 자라는 나뭇가지나 산짐승을 함부로 대하거나 썩지 않는 쓰레기를 버려 서는 안 된다.
⑤ 산에서 자라는 것들(산나물)을 "크다, 작다, 또는 못생겼다"며 타박해서도 안 된다. 산에서 자라난 것들은 모두가 우리가 김 매고 가꾼 것이 아니라 산이 기른 것들이기 때문에 얻으러 간 사람들이 타박하면 산신이

'화'를 낸다고 한다. 산짐승의 어린 새끼나 알을 가져오면 재수 없는 일이 생긴다고도 했다.

⑥ 산나물을 뿌리째 뽑아서도 안 된다. 산에서 채취하는 것들은 대부분 여러해살이 풀이기 때문에 뿌리째 뽑히지 않도록 줄기나 이파리를 잡아당기지 말고 꺾어야 한다. 뿌리째 뽑힌 것은 다시 그 자리에 심는다고 해도 살아나기가 힘들다.

이 모든 것은 강원도 화천에서 조상 대대로 산사람으로 살아오는 이들과 같이 깊은 산속으로 들어가 나물을 뜯으며 들은 얘기다. 그들과 나물을 채취하러 갈 때는 별이 반짝이는 새벽 4시경에 밥(비닐봉지 두 장에 하나는 밥, 다른 하나는 된장 한 술, 양은 공기 한 개)을 싸 짊어지고 두세 시간을 걸어 깊은 산속을 들어간다(산사람들은 산에 가는 것을 '산에 들어간다'고 함). 내가 그들을 따라갈 때마다 산 입구에는 항상 짙은 안개로 두터운 울타리가 쳐 있었다. 안개로 닫힌 울타리 빗장을 열고 한참을 들어가면 찬란한 태양이 산속 아침을 비춘다. 사람들은 산짐승들이 마시는 샘물을 찾아 그곳에 둘러앉아 밥 한 젓가락 떠서 "고시래~"이런 외침과 함께 주변에 밥을 던지고 나서 아침밥을 먹기 시작한다.

산사람들은 아침식사를 참으로 간편하게 먹는다. 주변에서 나뭇가지를 꺾어 젓가락을 만들고 양은 공기에 샘물을 가득 담고 나무젓가락으로 막된장을 풀어 국을 만든다. 그것이 끓이지 않은 생 된장국이다. 그리고 밥 한 덩이를 그 국물을 마시며 먹는다. 그러나 나는 아직도 그들처럼 산속에서 그렇게 끓이지 않은 된장국을 먹지는 못한다.

나물 뜯기가 끝나면 무조건 또 점심을 먹는다. 점심은 진수성찬이다. 주변에 널려 있는 나물을 뜯어 툭툭 턴 다음 밥과 된장을 얹어 보쌈으로 먹는다. 이렇게 점심을 일찍 먹는 것은 짐을 덜기 위함인 듯하다. 산나물 채취 시간은 한 시간이면 짊어지기 어려울 정도로 많이 뜯을 수도 있지만 가파르고 먼 거리를 오르내리며 걸어야 하기 때문에 가볍게 짊어질 수 있을 만큼만 뜯는다. 나는 처음 따라갔을 때 그들의 말을 무시하고 욕심껏 담았다가 어깨가 무너질 정도로 고생하며 많은 것을 뉘우쳤다.

산사람들과 같이 산을 오르내릴 때는 산에 대하여 많은 것을 배울 수 있어 참으로 좋다. 그들은 나물 뜯기 초년생인 나에게 먹을 수 있는 나물과 그것들의 이름을 가르쳐주며 산의 고개마다 전해지는 전설도 말해주었다. 산에서 산신에게 밉게 보이면 길을 잃어 곤란을 겪을 수도 있고, 실족으로 다치거나 또는 독사에 물리는 등 산속에서 사망할 수도 있다고 한다. 내가 믿지 않으려는 것 같으면 실제로 체험했거나 보았다면서 산의 규칙을 지키지 않아 변을 당한 이들의 이름을 들려주기도 했다.

생각해 보면 산속에서 자라는 것은 모두가 자연의 신이 내려주는 선물이며 그 어떤 보물 못지않은 귀한 것들이라는 것을 알 수 있다. 어느 누가 씨를 뿌리고 호미로 김을 매주거나 비료를 준 적도 없는데 우리가 필요한 것들이 그토록 많은 것을 보면 예사로운 것이 아니라는 것을 느낄 수도 있다.

우리 모두는 그 산사람들처럼 산에 있는 모든 것을 소중하게 여겨야 한다. 우리가 자신을 위하고 다음 세대들에게까지 산속의 보물을 남겨주고 싶다면 산사람들의 규칙을 잘 지키도록 노력해야 할 것이다. 만약 그런 노력을 하지 않는다면 우리 후손들은 상추나 시금치처럼 밭에서 재배되는 산나물 외에 '진짜' 산에서 자라는 산나물의 참맛을 알 수 없게 될 것이다. 밭에서 인공으로 재배한 산나물은 '산'이란 글자가 그 이름 앞에 붙어 있어도 산에서 채취한 것처럼 그 특유한 맛이 나지 않는다. 산나물의 참맛은 산신의 솜씨로부터 만들어지는지도 모른다.

나는 산촌 사람들과 지내면서 도시 사람들에게 할 말이 많아졌다. 그중 하나만 하자면, 산의 규칙을 모르는 사람들이 자동차로 산속까지 들어와 자연을 무자비하게 훼손하지 말라는 것이다. 도시 사람들은 도시에서 열심히 살면서 시골 사람들이 도시 사람들을 위하여 좋은 먹거리를 만들 수 있도록 응원만 해 주었으면 좋겠다. 요즘에는 도로의 발달과 자동차의 보급으로 도시에 사는 이들이 재미 삼아 자동차로 깊은 산속까지 들어가 나물 채취하기도 한다. 그럴 때 산사람들의 규칙을 모르고 함부로 행동해서는 안 될 것이다.

3. 묵나물

나물 중에 삶아 말린 것을 '묵나물'이라고 한다. 산나물은 넝쿨이나 나무에 돋아나는 새순을 채취하는 다래 순, 고추나무 순, 뽕나무 순, 두릅 순, 오가피 순 등이 있으며 땅에서 여러해살이로 돋아나는 이파리로는 취나물, 곰취나물, 곤드레나물, 고사리나물, 병풍나물, 미역취나물 등 열거할 수 없이 종류가 많다. 산나물은 어떤 나물이든지 한 가지만 채취하기보다는 여러 가지를 같이 채취하여 삶아 나물로 먹는 것이 맛도 좋지만 몸에도 좋다. 우리가 약으로 섭취하는 한약 중에 보약의 처방을 보면 여러 가지의 약재를 혼합하여 조제한다. 그것처럼 우리가 음식으로 섭취하는 것도 여러 가지를 합해서 섭취하는 것이 좋다.

나물을 채취하여 삶을 때는 고사리를 제외한 모든 나물들을 모두 섞어 삶는다. 이때 물을 넉넉히 붓고 펄펄 끓는 물에 나물을 넣고 뒤적여 이파리의 연한 부분을 만져 부들부들하면 꺼내 곧바로 발이나 소쿠리에 펼쳐 건조시킨다. 건조할 나물은 물에 헹구지 않는다. 맛도 떨어지지만 건조시간도 오래 걸리기 때문이다. 건조 중에는 수분이 50% 정도 남았을 때부터 2~3회 정도 손으로 비벼주면서 건조시키면 묵나물로 삶았을 때 부드럽다.

건조 방법

① 채취한 나물을 고른다(마른 잎이나 기타 잡물).
② 물을 끓인다.
③ 펄펄 끓을 때 나물을 넣고 주걱으로 골고루 적셔 준다.
④ 나물의 연한 부분을 만졌을 때 눌리면 소쿠리에 건진다.
⑤ 발이나 기타 물기가 잘 빠지는 보자기에 펼쳐 넌다.
⑥ 완전 건조 전에 한데 모아 빨래 비비듯 살살 비빈다(1일 2~3회 정도).
⑦ 완전 건조된 것은 비닐봉지에 담아 습기를 머금지 못하도록 꼭 묶어 보관한다(건조한 날씨에는 이틀 정도면 완전 건조됨).
⑧ 먹을 때는 필요한 양만큼 덜어 하루 전에 물에 담가 다시 삶는다.
⑨ 처음에는 센 불에 놓고 끓기 시작하면 약한 불에 놓아 은근히 삶는다.
⑩ 만져 보고 줄기가 부드러우면 불을 끄고 식을 때까지 기다린다.

묵나물은 산나물로만 만들 수 있는 것이 아니라 들나물로도 만들 수 있다. 들나물도 메싹을 비롯하여 명아주, 질경이, 쇠비름, 망초대 등등을 산나물처럼 삶아 건조한 후 겨울에 묵나물로 먹으면 좋다.

3장

유기농 식품 만들기

최근 들어 발효식품에 대한 관심이 많아졌다. 동서고금을 통틀어 보면 어느 곳을 가나 발효식품 한두 가지 이상은 다 있다고 본다. 유럽의 포도주, 유목민의 요구르트, 서양의 치즈 등을 보면 짐작이 간다. 요즘처럼 과학적인 성분 분석을 할 수 없었던 옛날부터 이렇게 발효식품을 만들었다는 것을 생각하면 인간들은 잠재된 지혜가 대단한 것 같다.

우리나라에는 간장, 된장, 고추장, 청국장, 그리고 젓갈을 비롯하여 김치나 장아찌 등 소금발효가 있는가 하면, 막걸리나 정종, 식초처럼 누룩발효도 있다. 보리나 밀 싹을 길러 엿기름이라고 하여 그것으로 식혜를 만들기도 한다. 최근에는 각종 과일이나 채소 등을 이용한 설탕 발효와 누룩 발효가 여러 사람들로부터 각광을 받고 있다. 설탕 발효는 음료수 대용으로 아이부터 노인에 이르기까지 부담 없이 마실 수 있는 음료이다. 또한 누구나 마음만 먹으면 쉽게 재료를 선택하여 만들 수 있으므로 한 번이라도 시도해 보라고 권하고 싶다. 식초도 마찬가지다.

천연 제품에 관심이 있거나 자연에 관심이 있는 사람이라면 자연 발효식품을 최소한 서너 가지 정도는 만들 줄 알고 있으리라 믿는다. 주부라면 간장, 고추장 또는 된장을 비롯하여 김치 정도는 담글 수 있거나 관심을 가지고 있는 것으로 믿는다. 특히 자연을 좋아하고 천연제품을 좋아하는 사람이라면 자연에 존재하는 것들을 보물처럼 소중히 여기고, 자연관찰자처럼 어느 것 하나도 하찮게 여기고 지나치는 일이 없기 때문에 발효식품에도 관심이 많을 것이라는 생각이 든다.

공장에서 순식간에 찍어내는 화려한 물자와 호화찬란한 광고에 길들여져 있는 사람들은 자연 발효식품에 관심 가질 기회를 놓치게 된다. 따라서 사방 천지에 널려 있는 자연의 보물을 그냥 지나쳐 버릴 수밖에 없다. 만약 지천에 널려 있는 그 보물 같은 재료들을 볼 수 있는 기회가 온다 해도 그것이 무엇인지 알 수가 없어서 아무것도 만들 수가 없다.

그러나 이 글을 읽고 있는 독자라면 설탕 발효만이라도 꼭 한 번 도전해 보기를 바라는 마음에서 그 방법을 간단히 소개하고자 한다.

1. 설탕 발효효소

많은 이들이 '설탕' 하면 당뇨병을 먼저 걱정한다. 물론 과다한 설탕 섭취가 건강에 해롭다는 것은 익히 들어서 잘 알고 있다. 그렇지만 식품 과다 섭취의 위험성은 비단 설탕뿐만이 아니다. 우리가 하루라도 먹지 않고는 생명을 유지할 수 없을 것만 같은 밥을 비롯하여, 고기나 채소, 곡식 또는 건강에 좋다는 보약 등도 한꺼번에 과다 섭취한다면 건강에 해롭기는 마찬가지다. 그런 것처럼 설탕도 얼마나 많은 양을 먹느냐 또는 어떻게 가공해서 먹느냐에 따라 해롭기도 하고 이롭기도 하다. 그러나 발효음료를 만들기 위해 첨가되는 설탕은 과일이나 생약초 등과 혼합하여 발효과정을 거치면서 인체에 유익한 당으로 전환된다고 하니 적당량을 섭취한다면 걱정할 필요는 없을 것이다.

재료는 각종 채소나 과일 또는 약초 등 자연계에서 자라는 식물 중에 독성이 없는 것으로 우리가 먹을 수 있는 것이면 모두 가능하다. 예를 들면 과일이나 약초, 꽃(아카시아, 호박꽃, 골담초꽃 등 각종 꽃), 쑥, 늙은 호박 또는 각종 채소인 비트, 당근, 무, 가지 등을 이용할 수 있다. 호박이나 무 또는 비트나 야콘처럼 덩이가 굵은 것은 가능하면 가늘거나 얇게 썰어야 효소가 잘 우러나는데 이때 감자 깎는 칼로 깎으면 이파리처럼 얇게 저며진다.

발효효소를 담그기 위해서는 설탕과 재료를 1:1의 비율로 혼합해야 한다. 그리고 매일매일 저어주며 바닥에 가라앉은 설탕이 빨리 녹을 수 있도록 도와야 한다. 저어주지 않으면 발효액에서 막걸리 같은 냄새가 날 수도 있다. 혹 잘못하여 효소액에서 신맛이 날 때도 있다. 그러나 그것도 그리 걱정할 필요 없다. 왜냐하면 설탕이 적게 들어가 발효과정 중에 초산 발효가 일어났기 때문이다. 물론 효소 맛에는 문제가 생겼지만 이때는 식초 만들 때처럼 촘촘한 거즈나 면 보자기에 걸러 맑은 액을 입구가 좁은 유리병이나 초항아리에 담아 공기가 통할 수 있는 것(솔잎을 추려 묶어 병마개처럼 막음)으로 막고 실온에서 2차 발효를 시키면 훌륭한 식초가 된다.

식초 중에는 막걸리를 발효시킨 것도 있다. 시골에서는 먹다 남은 농주, 즉 막걸리를 유리병에 담아 솔잎으로 병마개를 만들어 막아 발효시키거나, 초항아리에 담아 부뚜막에 올려놓고 발효시키기도 한다.

효소 만들 때 매일 저어주지 않고 발효시키는 방법도 있다. 발효항아리

꿀을 빨아 먹으려 들어간 개미나 기타 벌레가 나가도록 갈라놓은 호박꽃

를 땅속에 깊이 묻어두거나 토굴 속에 오랫동안(1~3년) 저장하면 자연발효가 된다. 이 방법은 기간이 오래 걸리지만 온도 변화가 많지 않아 더 좋은 발효효소를 얻을 수 있어 좋다. 발효효소도 간장이나 포도주처럼 오래 묵은 것일수록 더 좋다고 보아야 한다. 발효 이야기를 하다 보니 생각나는 것이 있다. 시골에는 집집이 장맛이 다르다. 그것은 집마다 온도와 공기의 질이 다르며 발효시킬 수 있는 균의 형태가 다르기 때문이다. 그래서인지 내가 만든 발효효소도 화천에서 발효시킨 것과 서울에서 발효시킨 것에서 맛의 차이를 느꼈다.

※ 호박꽃은 암수 따로 피는데 그중에 수꽃을 활용한다. 수꽃은 오전 11시쯤 되면 꽃 이파리 끝이 오므라들어 수꽃으로의 역할 이 끝나기 때문에 호박이 열리는 데는 지장을 주지 않는다.

담그는 방법 1 : 한 가지 재료

① 항아리(유리나 옹기항아리)를 씻어 말린다.

② 재료(오디, 앵두, 다래 또는 약초 등등)를 저울로 계량한다.

③ 재료와 같은 양의 설탕(백설탕이 좋음)을 계량한다.

④ 항아리 속에 재료와 설탕을 번갈아가며 담는데 맨 위에 재료가 보이지 않도록 듬뿍 덮는다(면 보자기를 서너 번 겹쳐 덮고 뚜껑을 덮음).

⑤ 2~3일 경과 후 뚜껑을 열어보면 설탕이 녹아내려가는 것을 알 수 있는 데 그때부터 약 30일 동안은 매일 저어준다(설탕이 완전히 녹을 수 있도록 바닥까지 저을 것).

⑥ 30일 후에는 약 일주일에 한 번씩 저어준다(오디나 복분자의 경우 2~3일).

⑦ 100일 이상 경과 후에 체에 걸러 건더기는 따로 이용하고 발효액은 유리병에 70% 정도 담아 실온에서 보관한다.

⑧ 3개월 이상 더 숙성시킨다(몇 년 묵혀도 무방함).

⑨ 발효액 1 : 생수 5 비율로 혼합하여 매일 음용한다(식성에 따라 생수를 더 많이 혼합해도 됨).

재료를 발효시킬 때는 한 가지씩 따로따로 해도 좋지만 여러 가지를 혼합하면 색다른 맛과 향을 얻을 수 있었다. 예를 들어 쑥은 자체 수분이 적기 때문에 수분이 많은 재료와 섞어도 좋다. 누구나 이렇게 발효액을 직접 만들어 먹다 보면 더 좋은 맛을 내기 위해 지혜가 발휘되기도 하는데 발효 기간은 재료에 따라 3~6개월 이상, 어떤 것은 1년 또는 3년이나 걸리는 것도 있으므로 자신만의 특별한 발효 음료를 만들어보기 바란다.

※ 발효 부산물인 건더기 중에 핵(딱딱한 씨앗)이 없는 오디나 다래 등등은 빵이나 떡 만들 때 활용해도 새로운 맛을 낼 수 있고, 무나 당근, 가지 등은 고추장과 혼

합하여 장아찌로 활용하면 좋다.

담그는 방법 2 : 여러 가지 혼합

① 큰 항아리를 깨끗이 씻어 소독하거나 햇볕에 말린다.

② 재료(우리가 먹을 수 있는 것이면 모두 가능함)를 깨끗이 씻는다.

③ 물기를 완전히 털어낸 후 저울에 계량한다.

④ 설탕을 재료 양만큼 계량한다.

⑤ 계량한 설탕 양의 절반을 따로 두고 나머지를 ③과 버무려 항아리에 담
   는다.

⑥ 나머지 설탕을 ⑤의 재료 위에 모두 덮어주고 2~3일 후부터 매일 저어
   주며 설탕이 완전히 녹을 수 있도록 도와준다.

⑦ 새로운 재료가 생기면 동량의 설탕과 버무려 ⑥번에 계속 채운다.

⑧ 항아리 속 내용물이 70% 정도 차였으면 중지한다.

※ 항아리 속의 내용물이 물 밖으로 올라오지 않도록 한 달에 1~2회씩 위의 것이
   밑으로 내려가고, 밑의 것이 위로 올라오도록 나무주걱으로 뒤집어준다(기회가
   되면 씀바귀나 고들빼기, 오가피 이파리 등등의 쓴맛이 나는 재료를 넣으면 더욱 맛이 훌
   륭하다).

⑨ 다음 해 봄에 건더기와 액을 분리하여 유리병에 70% 정도 담아 음지에
   서 6개월 이상 더 숙성시킨 다음 생수와 혼합하여 마신다.

※ 김치나 고기요리 등을 할 때 설탕대용으로 사용하면 음식 맛이 특별하다.

2. 감자녹말

만드는 방법 1

① 깨끗이 씻어 강판이나 믹서에 간다.

② 약간의 물을 더 붓고 손으로 살살 흔들어 건더기를 건져 꼭 짠 다음 건더기는 버린다(파, 부추와 약간의 녹말가루나 밀가루 등을 섞어 전을 부쳐도 좋음).

③ ②를 가는 체에 걸러 나머지 건더기도 짜내고 녹말이 가라앉기를 기다린다.

④ 위의 맑은 물을 쏟아버리고 하얗게 가라앉은 녹말에 다시 찬물을 붓고 저어 가라앉히기를 2~3회 한다(깨끗한 녹말을 만들기 위하여 헹구는 작업).

⑤ ④의 웃물은 따라버리고 가라앉은 녹말을 넓은 쟁반이나 비닐을 이용하여 햇볕에 말린다(건조 중에 가끔 덩어리를 비벼 줌).

⑥ 완전히 건조되면 바람이 통하지 않는 비닐봉지에 담아 실온 보관한다.

만드는 방법 2

① 감자를 깨끗이 씻어 항아리에 담고 감자가 충분히 잠기도록 물을 부어 밀봉해 둔다.

② 여름 약 2~3개월 동안(가을까지) 완전히 썩기를 기다린다.

③ 감자 껍질이 위에 동동 뜨면 긴 뜰채로 저어 껍질을 건져낸다(맨손으로 하지 말 것).

④ 넓은 함지에 체를 받이고 항아리의 물을 휘휘 저으며 옮겨 담고 기다린다.

⑤ 녹말이 가라앉으면 웃물은 따라 버리는 물갈이 작업을 여러 번 한다(썩은 냄새를 충분히 빼기 위해). 그동안 함지바닥에 손바닥으로 만져보며 모래가 있는지를 확인하여 녹말에 모래가 들어가지 않도록 한다.

⑥ 완전히 깨끗해지면 웃물은 따라버리고 넓은 쟁반이나 비닐을 이용해 말

린다(말리면서 비벼주는 것은 필수).

감자 썩는 냄새가 심하기 때문에 항아리는 사람의 눈에 잘 띄지 않는 곳
에 준비한다.

3. 복숭아 병조림[*]

병조림은 과육이 단단한 것으로 준비한다.

만드는 방법
- **재료** : 복숭아 5kg, 소금 10g, 설탕 200g, 물 1L
- **기구** : 냄비, 열기구, 집게, 입구가 넓은 유리병, 저울

① 유리병은 냄비에 담아 물을 넣고 끓여 소독해 물기를 말린다.
② 단단한 복숭아를 고른다.
③ 물로 깨끗이 씻는다.
④ 반으로 칼집을 낸 후 양손으로 잡고 돌려 씨와 분리한 다음 껍질을 벗긴다.
⑤ 4~6등분(크기에 따라) 하여 1%의 소금물에 잠시(1~2분) 담근다.
⑥ 소금물에서 건져 유리병에 가득 채운다(잘린 부분이 밑으로 내려가도록 함).
⑦ 설탕을 넣어 녹인 물을 병에 90% 정도 붓고 병뚜껑을 느슨하게 막는다.
⑧ 냄비에 ⑦을 똑바로 세워놓고 물이 병의 반 이상 차도록 붓고 20분 정도
　　끓인다.

---

* 농촌진흥청 홈페이지, 농업기술정보, 국립농업과학원(2002.1.10)

⑨ 뜨거울 때 꺼내 병뚜껑을 완전히 돌려 꼭 막고 거꾸로 엎어 둔다.

⑩ 완전히 식으면 햇볕이 안 드는 실온에 보관한다(1년 이상 보관 가능).

겨울철에 남아도는 사과도 병조림하여 여름에 갈아 냉장 보관하여 음료수로 마시면 별미다.

4. 잼

과육이 약하거나 상하기 쉬운 것을 활용한다.

만드는 방법 : 포도잼

• **재료 :** 포도 2.5kg, 설탕 2컵(재료의 약 20%), 물 2컵

• **기구 :** 열기구, 냄비, 굵은 체, 나무주걱, 병조림 병, 숟가락, 저울, 집게, 컵

① 포도를 알알이 떼어 냄비에 물을 붓고 센 불에서 끓인다.

② 끓인 포도를 굵은 체에 걸러 씨와 껍질을 제거한다(딸기는 거르지 않아도 됨).

③ ②를 냄비에 넣고 처음에는 센 불에서 끓이면서 설탕을 2~3회로 나누어 넣고 타지 않게 주걱으로 저으면서 약한 불로 조린다.

④ 냄비 바닥에 타지 않도록 나무주걱으로 저어가며 약한 불에서 농축시킨다(농축되어 가는 잼을 한두 방울 찬물에 떨어뜨려 보아 덩어리가 즉시 풀어지지 않으면 알맞은 농도임).

⑤ 소독한 유리병에 뜨거울 때 담아 뚜껑을 꽉 조인 다음 거꾸로 엎었다가

식었을 때 실온에서 보관한다.

5. 장아찌

장아찌는 한여름 남아도는 오이나 풋참외와 가을에 무, 풋고추 등 잉여
농산물을 활용하는 것이 좋다.

만드는 방법 1 : 오이·풋고추 장아찌

① 오이나 풋고추를 항아리에 넣고 내용물이 뜨지 않도록 돌로 눌러준다.

② 20%의 소금물에 3~4일 절인다.

③ 깨끗이 씻어 양파 망에 담아 무거운 돌로 눌러 물기를 말린다.

④ 된장이나 고추장에 담근다.

※ 풋참외는 반을 갈라 수저로 긁어 씨를 뺀 후 오이처럼 담근다. 무도 크기에 따라
   적당한 크기로 편을 내어 오이와 같은 방법으로 담근다.

만드는 방법 2 : 무장아찌

① 무를 10%의 소금물에 1주일 정도 절인 다음 빈 양파망에 넣어 무거운
   돌로 눌러 물기를 제거한다.

② 쌀겨에 치자가루를 적당량 섞어 약 15%의 소금물로 된장 묽기 정도를
   만든다.

③ ①을 ②에 깊숙이 묻어두고 위쪽을 볏짚으로 두껍게 덮어 돌로 눌러둔
   다. 기호에 따라 설탕을 첨가할 수도 있으며 염도를 조절할 수 있다.

4장

장담그기

우리나라의 음식문화는 장맛에서 시작되었다고 해도 과장된 표현은 아닐 것이다. 장의 종류에는 간장·된장·고추장·막장·청국장 등이 대표적으로 알려져 있지만 팥장·대맥장·담북장·집장·생황장·청태장이란 이름을 가진 장도 있다. 이런 장류의 맛은 지역에 따라 또는 각 가정의 전통방식에 따라 맛의 차이가 난다. 또한 이러한 고유의 맛내기를 담당하는 개인의 노력에 따라 장맛은 계속 진화하고 있다.

많은 음식의 맛을 좌우하는 장맛! 그 장맛을 좋게 하는 데는 어떤 마음으로 재료를 어떠한 과정을 거쳐 어떤 방법으로 띄우고 저장 또는 발효시키느냐가 많은 작용을 한다. 건강한 생활을 원한다면 먼저 장 담그는 것에도 관심을 가져보기 바라며 가장 기본적인 장(재래식 장) 담그기를 40여 년 간 해본 과정 중에서 가장 쉬운 방법을 선택해 적어본다.

본격적인 장 담그기에 앞서 모든 장의 기본이 된다고 해도 과언이 아닌 메주 쑤는 법부터 알아보도록 하자.

1. 메주

"팥으로 메주를 쑨다고 해도 믿는다"라는 말이 있다. 팥은 메주의 재료가 아니라는 뜻이겠지만 팥으로도 메주를 쑨다(팥장이라는 장도 있다고 함).

여기서는 콩(대두)으로 메주 쑤는 것을 나열한다. 메주를 쑬 수 있는 콩은 흰콩, 검은콩(서리태), 선비콩 등 두부를 만들 수 있는 콩이면 모두 해당된다.

만드는 방법

- **재료** : 콩 1말(8kg)
- **기구** : 커다란 고무함지와 마대자루, 볏짚, 바가지, 주걱, 소쿠리, 깨끗한 버선(두꺼운 양말)과 비닐 주머니, 넓은 비닐 조각

① 콩을 하루 전에 깨끗이 씻어 물에 담가 놓는다.
② 커다란 솥에 ①을 넣고 밥물 정도의 물을 부은 후 센 불을 땐다(콩물이 넘치지 않도록 불 조절 주의).
③ 약 6시간을 불 조절하며 콩을 익힌다.
④ 손으로 만졌을 때 아무 느낌 없이 뭉크러지면 함지박에 마대자루를 넣고 익은 콩을 바가지로 퍼 자루 안에 담는다.
⑤ 함지박 안에서 콩 담은 마대 위에 넓은 비닐 조각을 덮는다.
⑥ 버선이나 양말을 신고 그 위에 비닐봉지를 또 신는다.
⑦ 마대자루의 입구를 한 손으로 잡고 뒤적이며 발로 질근질근 밟는다.

⑧ 잘 으깨진 콩을 넓은 쟁반에 적당량 덜어내어 네모모양의 메주덩이를 만든다.

⑨ 따뜻한 방에 볏짚을 깔고, 만든 메주덩이를 옮겨놓는다.

⑩ 2~3일에 한 번씩 뒤집어주며 골고루 말린다(약 1개월 동안). 볏짚으로 끈을 만들어 묶어 난간에 걸어 말리기도 한다.

⑪ 약 60% 이상 말랐을 때 종이상자 밑에 볏짚을 깔고, 메주를 채우고, 또 볏짚을 덮어 따뜻한 방에서 또 약 한 달 이상 띄운다(마르면서 뜬다).

⑫ 잘 띄운 메주를 꺼내 햇볕에 말린 다음 물로 깨끗하게 씻어 말린다.

⑬ 날씨 좋은 음력 정월에 간장을 담근다.

가을에 메주 만들 때 나온 콩물은 묵은 된장에 붓고 저어두면 된장 맛이 좋아진다.

2. 간장 · 된장

옛 어른들은 대부분 음력 정월이 아니면 음력 3월에 장을 담갔다. 요즘도 나이 드신 어르신들은 음력 2월에는 장을 담그지 않는데, 2월에 담근 장은 제사상에도 올릴 수 없다는 옛 성현들의 말씀을 믿고 있기 때문이다.

간장과 된장의 구별은 메주를 소금물(계란을 띄워 500원짜리 동전만큼 뜨도록 염도조절)에 담가 약 40일 정도 발효과정을 거친 후 액과 건더기를 분류하는 과정을 거쳐 그 액을 '간장'이라 하고 건더기를 '된장'이라 한다.

만드는 방법

- **재료** : 잘 띄운 메주 두 말 분량(6덩이), 묵은 소금 약 10kg, 물 약 50kg, 계란 1개, 마른 홍고추 3개, 대추 3개
- **기구** : 커다란 옹기항아리 1개, 고운 체 1개, 볏짚 1줌, 참숯덩이 주먹만한 것 3개

① 장을 담그기 전날 소금물을 만든다(불순물을 가라앉히기 위함).
② 깨끗한 항아리에 볏짚을 넣고 불을 피워 소독한다.
③ 햇볕이 잘 들고 통풍이 잘 되는 곳에 항아리를 놓는다.
④ 메주를 넣고 소금물을 체로 밭쳐가며 퍼부은 후 숯덩이는 불에 달구어 넣고 대추와 마른 고추를 넣는다.
※ 메주는 미리 깨끗이 씻어 말려 둔다.
⑤ 유리 뚜껑을 덮어 약 40일 동안 발효시킨다(유리 뚜껑은 매일 열고 닫는 수고를 줄일 수 있어 편리하다).

장 가르기

날씨가 좋은 날을 선택한다.

- **재료** : 소금 1~2kg, 콩 3~4kg, 과일효소 2kg
- **기구** : 커다란 함지 2개, 체, 바가지

① 콩을 미리 메주콩처럼 삶아 으깬 후 식혜 효소와 소금 1kg 정도를 섞어 간을 맞춘다(콩 삶을 때 국물이 나오면 따로 받아 식힌 후 같이 섞어 치대며 소금 간을 더하며 조절).

② 함지에 항아리 속의 메주를 건져낸다.

③ 다른 함지에 항아리 속의 액을 체로 밭여가며 퍼낸다.

④ 내용물을 퍼낸 항아리를 깨끗이 닦고 물기를 말린 후 볏짚을 태워 소독한다.

⑤ ③의 액체 밑에 가라앉은 것이 흐트러지지 않도록 조심조심 ④의 항아리에 퍼붓고 찌꺼기는 그대로 남겨둔다(된장 치댈 때 첨가해야 함).

⑥ ②의 함지에 있는 메주덩이를 ①과 합하면서 ⑤의 찌꺼기를 섞어 치대며 묽기의 농도를 조절한다(된장의 농도는 방금 전에 가른 장으로 맞추면 좋음).

된장에 삶은 콩을 넣는 것은 맛을 증진시켜 주기 위함이다. 보리쌀을 삶아 섞기도 한다.

보통은 장을 가를 때, 장액을 끓이면서 위에 뜨는 거품을 걷어가며 오랜 시간 끓이기 때문에 '장을 달인다'고 한다. 그리고 뜨거울 때 항아리에 붓는다. 참으로 번거로운 일이다. 그래서 나는 장을 달이지는 않는다. 1975년 어느 봄날 처음으로 장 담그기를 시도하고 장을 가르는 날이었다. 그때 이웃에 사는 80세의 할머니께서 장은 달이지 않아야 변패가 없다고 가르쳐 주었다. 그 후 지금까지 우리 집은 장을 달이지 않지만 맛도 좋고, 장마철에도 골마지(고래기)가 끼는 일이 없다.

한번은 장물을 많이 잡고 만 3년을 묵힌 후에 장 가르기를 하는 것도 보았는데 장맛이 정말 좋아서 나도 따라 했다. 다른 사람들에게 권하고 싶다.

3. 막장

강원도 화천에서는 막장을 잘 담근다. 주재료는 메주이고, 부재료는 보리쌀·통밀·찹쌀·멥쌀·엿기름 등이다.

막장을 담그는 방식도 여러 가지다. 그중 엿기름을 첨가하는 방법과 엿기름을 첨가하지 않는 방법이 있다. 엿기름을 첨가하는 방법에는 보리쌀, 밀 또는 쌀 등 부재료를 물에 불려 죽이나 밥을 하거나 방앗간에서 가루를 내어 엿기름물에 삭혀 끓인 후 메주를 넣는 방법이고, 다른 방식은 부재료를 물에 충분히 불려 밥이나 죽을 만들어 식힌 후 주재료인 메주를 넣어 만드는 방법이다. 이렇게 엿기름을 넣은 것과 넣지 않은 것, 보리쌀·찹쌀·멥쌀로 했을 때 모두 약간의 미감과 향미에 차이가 있고, 그 미감은 모두 각각 다른 독특한 좋은 맛을 내고 있다, 이 또한 맛의 진화 과정이라고 생각되므로 각자 취향에 따라 아니면 그 이외의 다른 부재료들을 첨가하여 자신만의 독특한 맛을 창조하는 것도 좋은 방법이다.

만드는 방법
- **재료 :** 메주가루 1.4kg, 통보리쌀(찹쌀 또는 멥쌀) 1kg, 콩 1kg, 소금 약 1kg, 고추씨 가루 100g, 과일 효소 500g
- **기구 :** 소독을 잘한 항아리 1개, 큰 함지 1개, 주걱 1개, 바가지 1개

① 항아리를 깨끗이 소독하여 햇볕이 잘 드는 곳에 둔다.
② 뜸을 잘 들인 질척한 보리밥이나 쌀밥을 넓은 함지에 담고 찬물을 넉넉히 넣어 밥알이 풀어지도록 한 후 미리 삶아 으깬 콩을 섞는다.
③ 완전히 식었을 때 소금과 효소를 넣고 잘 섞어준다.

④ 메주가루에 고추씨 가루를 섞어 ③에 넣고 골고루 섞어준다. 이때 묽기 농도에 따라 찬물을 더 첨가하고 항아리에 담는 것은 다음 날 한다.

⑤ ④를 다시 치대어 묽기 정도와 간을 본 후, 물과 소금으로 조절하여 항아리에 꼭꼭 눌러 담는다.

⑥ 햇볕을 쬐어 겉이 마르도록 한다(유리 뚜껑을 덮음).

※ 여기서는 엿기름을 사용하지 않고 과일효소를 넣는 방법을 택했다.

메주는 미리(약 일주일 전) 깨끗이 씻어 방앗간 기계에 들어갈 크기로 쪼개 말려 거칠게 빻아 바람을 쏘이면 좋다.

콩은 장 담기 하루 전날 물에 불려 담그는 날 푹 삶아 으깬다.

이른 봄에 담으면 여름에 먹을 수 있지만 다음 해부터 더 깊은 맛이 난다. 가을에 담가 다음 해 여름에 먹기도 한다. 재료를 모두 혼합한 완제품의 무게는 약 10kg 정도이며, 묽기 정도에 따라 소금이 가감될 수도 있다.

막장 담그는 방법은 지역마다 차이가 있다. 충청도에서는 가을에 밀과 콩을 1:1로 섞고 삶아 메주를 주먹 크기만큼 만들어 3~4일 말린 후, 종이 상자에 볏짚을 깔고 7~10일 동안 따뜻한 곳에서 띄운 후 말렸다가 깨끗이 씻어 잘게 쪼개 다시 말린다. 그리고 그것을 방앗간에서 거칠게 빻아다 약간의 청고춧가루를 섞어 물에 반죽하여 소금 간을 한 후 항아리에 꼭꼭 눌러 담아 숙성시킨다. 여름에 오이나 풋고추 또는 상추쌈을 먹을 때 별미였다. 이처럼 콩과 밀 또는 보리를 이용한 장맛은 무궁무진한 것으로 생각된다.

4. 고추장

고추장 담그는 방법도 다양하다. 지역 또는 그 가정의 전통방식에 따라 첨가하는 재료와 방법도 각각 다르다. 그 맛 또한 다르기 때문에 어떤 방식이 정통이라고 말 할 수는 없다. 따라서 고추장 담그는 방법도 다양하게 진화하고 있다. 자기만의 독특한 방식으로 차별화된 맛을 내는 것이 맛의 창조인 듯하다. 여기서는 누구나 만들기 쉽고 변패 위험이 적은 방식을 소개한다. 일반인들은 첨가물로 엿기름과 물엿을 사용하는데 여기서 소개하는 방법은 그것 대신 과일효소와 설탕을 사용한다. 이 방법은 간만 잘 맞으면 골마지(곰팡이) 걱정을 할 필요가 없다.

소금 양은 계절에 따라 또는 묽기 정도에 따라 약간 차이가 난다. 대기온도가 낮을수록 소금이 적게 들어간다. 늦가을보다 늦은 봄에 소금 양이 많다. 고춧가루는 대략 메주가루와 부재료를 합한 양과 1:1로 하지만 취향에 따라 고춧가루를 더 첨가할 수 있으며 매운맛을 좋아하는 경우에는 청양고춧가루를 섞기도 한다.

만드는 방법

- **재료** : 메주가루 4kg, 고춧가루 5~8kg, 찹쌀 1kg, 설탕 1kg, 과일효소 1kg, 소금 2~3kg
- **기구** : 옹기항아리, 큰 함지, 계란 거품기 또는 주걱, 바가지 또는 큰 국자, 알뜰주걱

① 항아리를 소독한다.
② 찹쌀 또는 멥쌀로 뜸이 잘 들은 밥을 한다(압력솥 밥이 좋다).

③ 냄비나 들통에 물(약 5L)을 끓인다.

④ 끓는 냄비에 ②의 밥을 퍼 담고 한 번 더 끓인 다음 불을 끈다(죽을 만드는 것임).

⑤ ④의 냄비가 따끈할 때(70~80도) 설탕과 소금 1kg을 넣고 주걱으로 저어 뚜껑을 덮는다.

⑥ ⑤의 냄비가 따뜻할 때(30~35도) 준비한 메주가루를 반절 정도 넣고 주걱으로 섞어 준다(밥알이 완전히 삭지 않아도 장이 발효되면서 밥알이 삭아 없어짐).

⑦ ⑥의 내용물을 함지에 쏟고 과일효소를 넣어 저어준다.

⑧ 고춧가루에 남은 메주가루를 골고루 섞어 ⑦에 넣고 골고루 섞는다.

⑨ 묽기 정도와 소금 양을 조절한다. 너무 걸쭉하면 찬물(생수)을 더 섞어 묽기를 조절한다.

⑩ 다음 날 주걱으로 다시 저어 묽기 정도와 간을 확인한 후 적당하다고 생각되면 항아리에 담아 양지바른 장소에서 고추장의 표면이 마르도록 유리뚜껑을 덮는다.

고추장은 발효과정 중에 수분이 증발하기 때문에 죽처럼 약간 묽은 것이 좋다. 된장처럼 물기가 적으면 맛이 덜한 것을 느꼈다. 장 담글 때는 끓인 물을 넣지 않는다. 좋은 물에는 각종 미네랄이 있어 장 맛을 향상시킨다. 음료수나 맥주 또는 주류의 맛을 공기와 물이 좌우하듯이 장류의 맛도 공기와 물이 좌우한다고 본다.

5. 청국장

만드는 방법

- **재료** : 콩 2되, 물 3컵(압력솥에 삶을 때 필요함)
- **기구** : 볏짚(먼지를 깨끗이 털어낸 것), 주먹크기의 볏짚 뭉치 1개, 면 보자기, 소쿠리, 전기장판(작은 것), 두꺼운 헌 이불, 소금, 쟁반

① 콩을 전날 깨끗이 씻어 불린다.
② 불린 콩을 5~6시간 익힌다(8인분 압력솥에는 콩 70% 정도 담고 물 3컵을 넣은 후, 추가 흔들릴 때 가장 약한 불로 한 시간 뜸들이면 완전히 익음).
③ 쟁반에 볏짚을 깐다. 소쿠리에도 볏짚을 깔고 면 보자기를 펼친다.
④ 푹 삶은 뜨거운 콩을 면 보자기를 깐 소쿠리에 퍼 담으며 볏짚 뭉치를 중간에 끼워 넣고 보자기를 감싼다(콩 삶은 물이 들어가지 않도록 할 것).
⑤ ④의 감싼 보자기 위에 볏짚을 더 덮는다. 쟁반과 함께 전기장판 위에 올려놓고 헌 이불을 두껍게 덮는다(전기장판에 온도를 따뜻하게 올림).
⑥ 3일 밤이 지난 뒤 열어본다(주걱으로 저으면 실이 길게 일어남).
⑦ ⑥의 내용물을 절구에 찧으면서 약간의 소금 간을 한다.

예전에는 따뜻한 아랫목에 이불을 덮어 띄웠는데, 요즘은 시골에도 보일러를 설치하여 불 때는 구들방이 없어 전기장판이 필요하다. 필자는 청국장 콩을 절구에 찧을 때 소금 대신 맛 좋은 새우젓 건더기를 넣고, 싱겁게 간을 한다. 그리고 오래도록 보관하기 위해 쟁반에 약 3cm 정도 두께로 펼쳐 다독다독 누른 후 주걱으로 5cm 정도의 정사각형으로 홈을 만들어 급속 냉동한다. 그리고 한 칸씩 떼어 통에 담아 냉동 보관해 필요할 때마다 꺼내 쓴다.

5장

천연비누 만들기

천연비누와 천연화장품이란 천연재료로 만든 비누와 화장품을 말한다. 천연비누는 식물성오일 등 천연오일에 가성소다와 물 등 기타 천연첨가물을 넣어 만들고, 천연화장품은 비누를 만들 때 쓰이는 천연 오일에 수분을 비롯한 기타 질 좋은 영양성분이 풍부한 천연소재를 첨가해 만든다.

우리가 천연재료로 비누나 화장품을 직접 만들어 쓴다는 것은 매일 먹는 음식을 직접 만들어 먹는 것과 다름없다. 청결하고 질 좋은 천연음식이 몸속으로 들어가면 우리 몸은 좋은 영양을 공급받아 건강한 생명을 유지하게 된다. 질 좋은 영양분이 풍부한 음식을 섭취하는 이들은 신체가 건강할 뿐만 아니라 피부에 윤기와 탄력이 있다. 이런 천연의 질 좋은 먹거리들은 거칠어졌거나 트러블 생긴 문제성 피부에 직접 접촉했을 때도 좋은 반응을 보인다. 따라서 자연계에 있는 모든 것들 중에 우리가 먹어서 건강에 좋은 성분은 피부에 발라도 좋다는 얘기다.

그러나 그 좋은 영양분을 어떻게 몸에 발라야 할지 그것이 문제다. 어떤 이는 팩을 만들어 바르기도 하고 어떤 이는 욕조에 물과 같이 혼합하여 몸을 담그기도 한다. 그것도 좋은 방법이다. 하지만 매일매일 팩을 한다거나 욕조에 몸을 담그는 일은 바쁜 현대인들에게 쉬운 일이 아니다. 가장 쉽고 간단한 방법은 매일매일 세수하고 화장할 때 활용하는 것이다.

질 좋은 영양성분을 첨가했다는 비누와 화장품은 시중에 고가(高價)로 판매되고 있다. 그런데 과연 그러한 고가의 제품들이 그 가격만큼의 값을 할까? 방부제나 각종 첨가물들은 피부에 좋은 영양을 주는 것만 썼을까?

현대에 사는 우리는 통신과 매매문화의 발달로 도깨비방망이를 휘두르면 무엇이든지 나오는 동화처럼, 구매능력만 있으면 눈깜짝할 사이에 이 세상 모든 물건을 구입할 수 있다. 그렇지만 우리가 매일매일 먹는 음식은 대부분이 집에서 직접 만들어서 먹는다. 그 이유는 그때그때 만든 음식이 건강에 더 유익하다고 믿기 때문일 것이다.

비누나 화장품도 마찬가지이다. 공장에서 대량으로 생산된 것을 구입하여 쓰는 것도 좋지만 직접 만들어서 쓰는 것이 경제적이면서도 이상적이다. 공장에서 생산되는 용품(비누나 화장품)들은 양질의 성분으로 만들어졌다 해도 필요 이상의 포장과 한 번 쓰고 버려야 하는 고급용기들이 너무 많다. 또한 가격이 지나치게 비싸다는 느낌도 든다. 그러나 직접 만들어 쓰면 용기의 재활용 등으로 자원 낭비를 줄일 수 있어 환경오염물질도 적게 배출한다.

우리가 자신이나 가족이 좋아하는 음식을 만들 때처럼, 각자의 피부에 맞는 재료를 선택하여 정성과 시간을 들여 비누나 화장품을 만들면서 건강하고 아름다운 피부로 행복한 생활을 누리며 착한 소비 생활의 보람도 느껴보자.

1. 천연비누 이해하기

세제의 발전

우리가 쓰는 최초의 세제는 모두 천연으로 만든 것이었다고 한다. 처음에는 나무나 해초를 태워 재를 우린 물, 찰흙 또는 발효된 오줌 등을 세제로 쓰다가 점차 발달하여 올리브유를 이용한 비누를 만들었다. 그러다가 2차 세계대전 이후부터 비누 만드는 기술이 급격히 발달하면서 동물성 기름이나 식물성 기름을 이용하여 만들었고, 요즘처럼 광물성 기름을 이용한 합성비누는 1947년 미국에서 처음 만들기 시작하였다. 그리고 1963년 일본을 거쳐 우리나라에 전해졌다.

우리나라도 6·25전쟁 이후 공장형 세탁비누가 풍부하던 1970년대 이전까지만 해도 시골에서는 집집이 쌀겨와 가성소다(양잿물)를 넣어 세탁비누를 직접 만들어 사용했다. 그러다 1980년대부터 경제성장과 더불어 가정마다 식탁이 풍성해지고 튀김종류를 많이 먹게 되면서 튀김을 하고 남은 폐식용유를 활용한 수제 세탁비누 만들기가 유행처럼 퍼지기 시작했다.

요즘 유행하고 있는 천연 미용 비누 만들기는 수제 세탁비누 만들기가 원조인 것으로 짐작된다. 원조가 세탁비누든, 미용비누든 개인에 맞는 천연 제품을 만들어 건강하고 아름다운 피부로 행복한 삶을 누렸으면 한다.

천연비누의 역할

천연비누는 자연에서 얻은 소재로 만든 것으로서 오물 제거 이외 보습작용 또는 피부 진정작용 등의 기능을 목적으로 제조한다.

요즘은 아로마테라피 효과까지 겸한 천연비누들이 등장하고, 이런 비누들은 개개인에게 맞는 기능성 첨가물을 함유하여 맞춤형 비누로 각종 피부병을 완화시키는 작용까지 보여주므로 힐링효과도 있다. 또한 이런 제품들은 자연친화적이어서 수질을 오염시킨다거나 토양이나 공기를 오염시킬 염려도 없다는 사실이 알려지면서 많은 이들이 천연비누에 관심을 갖게 되었다.

오늘날 생활이 윤택해지면서 의식도 날로 좋은 쪽으로 바뀌고 있다. 환경을 생각하여 분리수거를 하고, 건강을 생각해서 매일 깨끗한 옷으로 갈아입고, 샤워를 매일 하면서 세수수건을 각자가 따로 쓰기도 한다. 좋은 현상이다. 그러나 세안이나 샤워용 비누는 한 개로 온 가족이 같이 쓴다. 세안이나 샤워할 때 사용하는 비누도 개개인에게 맞는 것을 사용한다면 더욱 행복해질 수 있지 않을까? 가족이라도 식성이 각각 다르듯 피부도 똑같지는 않을 것이다. 각자 자기 피부에 맞는 비누를 만들어 자기만의 비누 또는 가족에게 맞는 비누를 만들어 쓴다면 좋을 것이다.

또한 지인들에게 선물할 일이 생겼을 때 '무엇을 할 것인가' 고민하지 않아도 된다. 받는 이에게 맞는 천연비누를 만들며 그가 좋아할 천연 향기를 듬뿍 넣어 예쁘게 포장해 선물한다면 그 어떤 선물보다도 좋은 선물이 될 것이다.

천연비누 바로 알기

명심보감에 '양고기가 맛있다고 하여 모든 이가 다 맛있어 하는 것은 아니다'라는 글이 있다. 그와 같이 아무리 값비싼 재료를 첨가하여 만든 천연비누라 해도 누구에게나 좋은 것은 아니다. 그것은 사람마다 체질과 피부가 다르기 때문이다.

사실 날마다 쓰는 비누가 자신의 피부에 잘 맞는 것이라면 천연비누든 합성비누든 신경 쓸 필요 없이 마음에 든다. 그 비누를 손수 만들었거나 인터넷 시장이나 백화점 또는 대형매장에 진열되어 있는 것을 거금을 주고 구매했다고 해도 사용할 때마다 즐거움을 준다면 행복하다.

요즘은 광고 시대라고 해도 과언이 아니다. 어느 날 유명인사가 인삼 녹용이 첨가된 비누가 몸에 좋다고 하면 사람들의 머릿속에 온통 인삼 녹용 생각만 가득하고, 또 어떤 유명인사가 소나무 잎이나 참나무 잎이 몸에 좋다고 하면 인삼 녹용은 언제 들었냐는 듯 소나무 잎이나 참나무 잎만 머릿속에 남는다. 하지만 천연 제품에 관심 있는 마니아들은 그런 광고 바람에 흔들리지 않았으면 좋겠다.

이 세상에 존재하는 것은 어느 것 한 가지도 필요 없는 것이 없다. 인삼 녹용처럼 값이 비싸야만 몸에 좋은 것도 아니다. 가격은 수요공급의 법칙에 따라 좌우된다. 질과는 무관하게 희소성(稀少性)에 따라 가격이 결정되는 것이기 때문에 값이 비싸다고 해서 무조건 좋은 것이라는 생각을 버려야 한다.

지구상에는 가격에 관계없이 몸에 좋은 천연자원들이 너무도 많다. 그중에는 먹어서 좋은 것도 있고, 몸에 지니고만 있어도 좋은 것도 있다. 또한 그 좋은 것 중에 A라는 사람에게는 보약처럼 좋지만 B라는 사람에게는 독약처럼 위험할 정도로 좋지 않은 것도 많다.

천연비누나 화장품에 관심을 가졌다면 천연재료를 선택할 때 각자의 체질에 맞는 것을 찾아야 한다. 누가 좋다고 하여 무조건 따라 하는 것은 위험하다.

우리나라 사람들은 일생 동안 쌀밥을 먹는다. 그러나 우리나라 사람 중에는 평생 동안 쌀밥을 먹지 못하는 이도 있고 쌀밥으로 인해 건강을 해친 사람도 있다. 그것은 쌀이 체질에 맞지 않기 때문이다. 쌀이 몸에 맞지 않은 것을 인지하지 못하고 쌀을 주식으로 하는 이들 중에는 체중미달이거나 과

체중으로 나타게 된다. 그중에 체중미달인 경우는 식사 후 바로 화장실을 가는 편이어서 피로를 느끼지 않지만, 과체중인 경우는 변비를 유발하게 되고 항상 피로를 느끼는 만성피로로 고생하는 이도 있다. 만약 이런 이들에게 쌀겨나 쌀눈 또는 쌀겨기름(미강유)을 사용한 비누나 화장품을 만들어 준다면 오히려 피부를 자극하는 부작용이 발생한다. 이런 사실을 십 여 년간 천연제품을 만들면서 터득하였다. 그뿐이 아니다. 맞지 않는 음식을 섭취하게 되면 성인병에 빨리 노출된다는 사실도 알게 되었다.

우리가 하찮게 여기는 풀잎이나 풀뿌리가 인삼 녹용 이상으로 우리 건강에 도움을 주는 것도 많다는 것을 알아야 한다. 천연비누의 재료도 '이것이 좋다. 저것이 나쁘다'라고 단언할 수 있는 것이 아니다.

무엇이든지(과일, 채소, 산나물, 들나물, 해초, 약초, 허브, 꽃, 각종 곡식, 기름 등) 먹었을 때 편안함을 느끼면 그것이 자신에게 맞는 천연비누(천연화장품)의 첨가재료가 되는 것이다. 오링테스트 등을 통해 천연자원 중 자기에게 맞는 것을 선택할 줄 아는 지혜가 필요하다.

오링테스트란?

　천연비누나 천연화장품을 만들 때는 그 재료에 대한 특성을 잘 알고 선택해야
한다. 이때 값비싼 재료나 특별한 재료보다는 자기 체질에 맞는 재료를 넣는 것이
좋다. 그렇다면 자신에게 맞는지, 아닌지를 어떻게 구별할 것인가? 바로 '오링테
스트'이다.

　오링테스트는 미국에서 연구 중이던 일본인 의사 오무라 요시아기 박사가 다년
간 연구하여 1970년 초에 발표한 특수진단법이다. 질병의 진단 방법으로 이용할
수도 있고, 인체와 관계되는 모든 물질(약물, 음식물, 세균, 바이러스, 호르몬, 체
액, 공해물질 등)의 적합성 검사에도 이용할 수 있는 진찰 방법이다.

　어떤 식품이나 물건을 잡은 뒤 손가락을 "O"로 만들어 쥐고 있을 때 타인이 벌
려서 벌어지면 안 맞는 것이고, 힘이 들어가 벌리지 않으면 자신의 몸에 맞는 것이
다. 예를 들어 귤이 자신의 체질에 맞는지 확인하려면 한 손에 귤을 쥐고 다른 한
손은 쫙 편 상태에서 엄지와 검지로 "O"자를 만든다. 그 "O"자 모양 안에 다른
사람이 양손의 검지를 집어넣고 엄지손가락으로 모아 "O"자의 손가락을 잡아서
떼보는 것이다. 이때 귤을 쥔 사람은 "O"자 모양의 손에 힘을 주어 벌어지지 않
으려고 하지만 힘없이 벌어져 버린다면 체질에 맞지 않는 것이고, 벌어지지 않는
다면 잘 맞는 것으로 본다.

천연비누를 만들 때 필요한 용기와 도구

　스테인리스 냄비 2개(손잡이 있는 것), 전기 블렌더(계란 거품기), 시약스푼(수저), 핫플레이트(전기 프라이팬이나 휴대용 가스레인지), 종이컵 또는 빈 우유 상자, 식칼, 알뜰주걱, 저울, 온도계, 비닐 랩

　시중에는 천연비누나 화장품 만드는 전용 용기나 기구들을 따로 판매하고 있다. 그렇지만 집에 있는 것을 이용해도 만들고자 하는 제품을 얼마든지 만들 수 있으므로 꼭 필요한 것 외에는 따로 구입하지 않아도 된다.

① **냄비** : 저온비누 만들 때 하나는 가성소다를 녹이고, 다른 하나는 오일을 계량 한다.

② **거품기** : 저온비누 만들 때 트레이스(죽처럼 응고시키는 작업) 과정과 녹여 붓기 시 각종 분말 등을 첨가하여 혼합할 때에 필요하다.

③ **핫플레이트(Hot Plate)** : 비누베이스를 녹인다든가 유상(Oil Phase)을 가열할 때 필요하다.

※ 가스레인지 사용 시 불꽃이 직접 용기에 닿으면 밑바닥에서 내용물이 탈 수도 있으므로 중탕하는 것이 좋다.

④ **시약스푼** : 재료를 덜어내거나 저어주는 데 필요하다.

⑤ **식칼** : 녹여붓기 할 때 비누베이스를 자르거나 비누틀에서 굳은 비누를 자르는 데 필요하다.

⑥ **종이컵 또는 빈 우유상자** : 시중에서 고가로 판매되는 몰드 대용으로 사용(한 번 쓰고 버리는 두부상자도 재활용으로 가능함)

⑦ **알뜰 주걱** : 용기 안에 붙어있는 내용물을 알뜰하게 모아 내리는 데 필요하다.

⑧ **비닐 랩** : 완성된 비누를 완전히 굳었을 때 습기가 통하지 않도록 감싸준다.

⑨ **저울** : 원료(오일이나 증류수 또는 가성소다 등)를 정확하게 계량하는 데 필요하다.

⑩ **온도계** : 비누나 화장품 만들 때 수상(Aqueous Phase)이나 오일(Oil Phase)의 온도를 측정해야 한다.

비누나 화장품 만들기에 필요한 모든 재료와 기구는 서울의 방산시장이나 인터넷에서 쉽게 구할 수 있다.

2. 천연비누 만들기

천연비누를 만드는 데는 녹여붓기 · 저온법 · 고온법 세 가지 방법이 있다. 녹여붓기는 기성품의 비누베이스를 구매하여 중탕으로 녹여 기타 자기 피부에 맞는 천연첨가물을 첨가하여 틀(몰드)에 부어 굳히는 방법이고, 저온법이나 고온법은 가성소다를 한약재 우린 물이나 증류수에 녹여 원하는 오일과 혼합해 비누화시키는 방법이다.

녹여 붓기(Melt and Pour, MP비누)

녹여 붓기 방법을 사용해 피부 이상 여드름 비누, 목욕 비누, 각질제거 비누, 항균 주방 비누를 만들어 보자. 녹여 붓기 할 때 액체로 된 첨가물을 넣으면 비누가 물러져서 좋지 않으므로 가능하면 분말을 첨가하는 것이 좋다. 가끔 생 당근이나 생 파프리카 등을 갈아 넣는 사람들도 있는데 그것은 좋은 방법이 아니다.

천연비누 만들기의 기본 첨가량

비누베이스 1kg 기준	각종 분말(한약재, 곡식분말, 해조류 분말 기타 등등) 오일, 글리세린, 에센셜 오일 첨가량
세안 또는 목욕용	각종 분말 5.0~10%, 각종 오일 0.5~ 1.0%, 글리세린 1.0~ 2.0%, 설탕 0.5~1.0%, 구연산 0.2~0.3%, 에센셜 오일 0.2~0.3%
항균 주방비누	계피 10g, 커피 분말 10g, 바닐라 향 20g, 피마자유 10g, 글리세린 20g

기본 첨가량을 참고하여 주변에서 쉽게 구할 수 있는 재료를 응용해도 좋은 비누를 만들 수 있다. 이 비누들은 다른 클렌징 제품을 사용할 필요 없이, 손바닥에 거품을 내어 발라 씻어낸 후 다시 한 번 더 발라 주고 맑은 물이 나올 때까지 씻어내면 그 어떤 제품을 사용했을 때보다 깔끔하게 씻어낼 수 있다.

각종 피부 이상에 도움 되는 비누

- **비누베이스 :** 1kg(시중에 판매되는 비누베이스는 1kg이 약간 넘지만 1kg으로 간주)
- **유상 :** 달맞이유 5g, 피마자유 5g

- **약초분말 :** 삼백초 10g, 어성초 10g, 감초 15g, 치자 5g, 당귀 10g, 글리세린 20g
- **에센셜 오일 :** 아카시아 1g, 라벤더 1g, 스위트오렌지 2g

① 비누베이스를 작은 깍두기 모양으로 썰어서 용기에 담는다.

② 가스레인지 불에서 녹일 때는 중탕으로 녹이고 핫플레이트에 녹일 때는 직접 ①을 올려놓고 수저로 저으면서 녹인다(핫플레이트가 없을 때는 전기 프라이팬에 올려놓고 녹여도 됨).

③ 완전히 녹으면 온도를 측정하여 70도 이하일 때 첨가물 중에 유상과 글리세린, 약초분말을 계량하여 섞는다(핸드블렌더나 계란 거품기를 사용하면 쉽게 잘 섞임).

④ 다시 온도를 측정하여 55도(겨울에는 60도) 이하일 때 에센셜 오일을 넣고 시약스푼으로 빨리 섞는다(굳기 전에 틀에 부어야 함).

⑤ 준비한 몰드(비누 틀)를 소독하고 ④의 내용물을 붓는다.

⑥ 완전히 굳으면 틀에서 뺀다(작업장 온도에 따라 굳는 데 걸리는 시간이 달라지며 비누 틀의 두께에 따라서도 다름. 겨울에는 100g 정도의 틀에 부을 경우 약 30분이면 충분히 틀에서 분리해낼 수 있음).

이렇게 만든 비누는 세안할 때 얼굴에서 작은 입자가 굴러다니는 것을 느낄 수 있다. 그 입자들은 한약재 등 각종 분말이므로 의심하거나 걱정할 필요 없다. 피부 깊숙이 박혀 있는 찌꺼기들을 말끔히 뽑아낸다.

보습성이 좋아서 아토피나 여드름 등 피부에 이상이 있는 이들뿐만 아니라 누구나 사용해도 부담이 없으며 꾸준히 사용하면 피부가 매끄러워진다.

목욕비누

- **비누베이스** : 1kg
- **유상** : 올리브유 2g, 피마자유 3g, 살구씨유 5g
- **약초분말** : 계피 10g, 삼백초 10g, 살구씨 10g, 감초 10g, 숯 2g, 글리세린 10g, 설탕 3g
- **에센셜 오일** : 라벤더 2g, 페퍼민트 3g, 티트리 1g

① 비누베이스를 작은 깍두기 모양으로 썰어서 용기에 담는다.

② 가스레인지 불에서 녹일 때는 중탕으로 녹이고 핫플레이트에 녹일 때는 직접 ①을 올려놓고 수저로 저으면서 녹인다(핫플레이트가 없을 때는 전기 프라이팬에 올려놓고 녹여도 됨).

③ 완전히 녹으면 온도를 측정하여 70도 이하일 때 첨가물 중 설탕과 글리세린 유상을 먼저 넣고 섞은 다음 약초분말을 넣고 골고루 섞어 준다(핸드블렌더나 계란 거품기를 사용하면 쉽게 잘 섞임).

④ 다시 온도를 측정하여 55도(겨울에는 60도) 이하일 때 에센셜

오일을 넣고 시약스푼으로 빨리 섞는다(굳기 전에 틀에 부어야 함).

⑤ 준비한 몰드(비누 틀)를 소독하고 ④의 내용물을 붓는다.

⑥ 완전히 굳으면 틀에서 뺀다(작업장 온도에 따라 굳는 데 걸리는 시간이 달라지며 비누 틀의 두께에 따라서도 다름. 겨울에는 100g 정도의 틀에 부을 경우 약 30분이면 충분히 틀에서 분리해낼 수 있음).

이 비누는 분말의 작은 입자가 많아서 거품과 함께 모공 깊숙이 들어 있는 찌꺼기까지 쉽게 끌어낸다. 얼굴에 짙은 색조 화장품을 발랐을 때 세안용으로 사용하면 더욱 좋다.

일반인들은 목욕할 때 몸에 낀 오물 등 때를 벗긴다고 깔깔한 때수건으로 살갗이 벌겋게 될 때까지 문지른다. 자칫하면 피부는 손상을 입기 쉽다. 이제부터는 이 비누를 수건에 비벼 거품 내 온몸을 살살 문질러 주고 물을 끼얹은 다음 맨손으로 몸의 상태를 밀어본다. 때가 밀리는 것 같으면 다시 전처럼 온몸에 비누를 바르고 살살 무지른 다음 물을 끼얹는다. 그러면 팔이 빠지도록 힘주어 때를 밀지 않아도 된다. 목욕 후에는 일부러 로션을 바르지 않아도 살갗이 부드럽다. 올리브유나 살구씨유, 글리세린이 피부를 부드럽고 촉촉하게 해주며, 약초분말이 보유하고 있는 좋은 성분들이 피부를 안정감 있게 이끌어준다. 페퍼민트 에센셜 오일은 가볍고 시원한 느낌을 주고 심신의 피로를 해소시켜주기도 한다.

각질 제거 비누

- **비누베이스** : 1kg(이 비누를 만들기 위해서 각종 분말을 베이스 총량의 30% 이상 넣을 수 있음)
- **유상** : 올리브유 5g, 피마자유 5g

- **약초분말** : 계피 10g, 살구씨 10g, 지실 10g, 어성초 10g, 감초 10g, 팥 15g, 글리세린 10g
- **에센셜 오일** : 라벤더 1g, 아카시아 1g, 캐모마일 2g, 유칼립투스 3g

① 비누베이스를 작은 깍두기 모양으로 썰어서 용기에 담는다.

② 가스레인지 불에서 녹일 때는 중탕으로 녹이고 핫플레이트에 녹일 때는 직접 ①을 올려놓고 수저로 저으면서 녹인다(핫플레이트가 없을 때는 전기 프라이팬에 올려놓고 녹여도 됨).

③ 완전히 녹으면 온도를 측정하여 70도 이하일 때 첨가물의 유상과 글리세린, 약초분말을 계량하여 섞는다(핸드블렌더나 계란거품기를 사용하면 쉽게 잘 섞임).

④ 다시 온도를 측정하여 55도(겨울에는 60도) 이하일 때 에센셜 오일을 넣고 시약스푼으로 빨리 섞는다(굳기 전에 틀에 부어야 함).

⑤ 준비한 몰드(비누 틀)를 소독하고 ④의 내용물을 붓는다.

⑥ 완전히 굳으면 틀에서 뺀다(작업장 온도에 따라 굳는 데 걸리는 시간이 달라지며 비누 틀의 두께에 따라서도 다름. 겨울에는 100g 정도의 틀에 부을 경우 약 30분이면 충분히 틀에서 분리해낼 수 있음).

비누의 거품 생성을 돕는 피마자유와 각종 분말이 합쳐져 자극 없는 스크럽제 역할을 한다. 살구씨와 팥, 올리브유가 피부를 맑고 윤택하게 해주며 어성초는 이상 피부를 진정시켜 주는 역할을 담당하고, 지실은 가려움증 완화 작용이 있다. 또한 감초는 각종 해독작용을 하며 늘어진 피부를 탄력 있게 해준다.

이렇게 만든 비누는 목욕비누로 써도 좋다. 남녀노소 어떤 피부에도 좋으며 특히 화장을 지우기 위해 클렌징 제품을 별도로 쓸 필요가 없다. 아무리 짙은 색조화장이라도 미온수로 얼굴을 적신 후 비누를 손바닥에서 충분히 비벼 거품을 내 골고루 문지르고 미온수로 닦아낸 후 다시 전처럼 반복하기를 2회 정도 한다. 그런 후에 냉수로 20회 이상 터치해주면 그 어떤 것을 사용했을 때보다 더 깨끗하고 탄력 있는 피부가 된다.

주방 비누

- **비누베이스** : 1kg
- **유상** : 피마자유 5g
- **약초분말** : 커피 10g, 계피 10g, 글리세린 10g, 바닐라향(콘스타치 95%)

※ 바닐라향은 과자나 빵을 찔 때 첨가하는 것으로 동네 슈퍼에서도 구입할 수 있다.

① 비누베이스를 작은 깍두기 모양으로 썰어서 용기에 담는다.
② 가스레인지 불에서 녹일 때는 중탕으로 녹이고 핫플레이트에 녹일 때는 직접 ①을 올려놓고 수저로 저으면서 녹인다(핫플레이트가 없을 때는 전기프라이팬에 올려놓고 녹여도 됨).
③ 완전히 녹으면 온도를 측정하여 65~70도 이하일 때 커피분말, 계피분말, 바닐라향, 글리세린 유상을 계량하여 섞는다(바닐라향은 콘스타치(옥수수녹말)가 주이므로 너무 고온일 때 넣으면 익어서 비누로서의 역할을 할 수 없음).
④ 준비한 몰드(비누 틀)를 소독하고 내용물을 붓는다.
⑤ 완전히 굳으면 틀에서 뺀다(작업장 온도에 따라 굳는 데 걸리는 시간이 달라지며 비누 틀의 두께에 따라서도 다름. 겨울에는 100g 정도의 틀에 부을 경우 약 30분이면 충분히 틀에서 분리해낼 수 있음).

흔히 주방에서는 액체세제를 쓴다. 사용하기에 간편하고 편리하기 때문이다. 그렇지만 잘못하면 한꺼번에 쏟아져 세제를 낭비할 우려가 많다. 이 제품은 고체이기 때문에 잘못하여 쏟아질 염려도 없고, 낭비될 염려도 없어 좋다.

현대인들의 식생활은 어느 집이나 똑같을 수는 없겠지만 그래도 굉장히 풍부하고 화려하다. 가정마다 식성의 차이도 있겠지만 생선이나 어패류 또는 육류뿐만 아니라 오일 종류에 볶거나 튀긴 음식 등을 많이 접하게 된다. 그 이유로 주방세제도 예전보다 많이 쓰고, 행주도 자주 삶게 된다. 아무리 행주를 깨끗하게 빨았다고 해도 삶지 않는 한 금방 행주에서 냄새가 나기 시작한다. 행주에서 냄새가 난다는 것은 세균이 번식하고 있다는 증거다. 주방에서 세균의 번식은 행주뿐만이 아니다. 수세미도 문제다. 대부분 행주는 자주 삶아도 수세미(요즘에는 아크릴사로 짠 수세미를 많이 사용)는 자주 삶지 않는다. 이제부터라도 천연 주방비누를 만들어 청결한 주방을 꾸며보라고 권하고 싶다.

천연 주방비누를 수세미에 발라 식기를 닦으면 삶은 것처럼 반짝반짝 빛나면서 깨끗하다. 유리그릇이나 도자기그릇, 사기그릇을 세제 푼 물에 행주와 같이 넣고 삶아본 경험 있는 사람이라면 그 느낌을 알 수 있다. 행주나 수세미에 발라 거품을 낸 후 식탁이나 싱크대 또는 도마를 닦고 깨끗한 물로 씻으면 반짝반짝 빛이 난다. 또한 행주를 빨아 꼭 짜보면 손맛이 깔끔함은 말할 필요도 없고, 다음에 쓸 때 행주에서 풍기는 특이한 냄새도 나지 않는다. 또한 냉장고 속을 닦으면 깨끗함과 동시에 냄새까지 없어진다. 비누가 이처럼 예쁘고 착한 작용을 하는 것은 계피와 커피 그리고 바닐라향의 콘스타치 덕분이다.

수정과는 계피를 삶아 우린 물로 만든다. 계피는 몸이 찬 이들에게 좋으며, 피부 보호와 진균 억제 작용을 한다는 실험결과도 있다. 우리가 늘 우려마시는 원두커피 분말은 음식냄새는 물론 기름기를 말끔히 제거해주고 구석구석에 끼어 있는 오물을 거품과 함께 끌어낸다.

뿐만 아니라 천연제품이라 수질오염도 줄일 수 있고, 거품이 많지 않아물을 절약할 수도 있다. 또한 고무장갑을 끼지 않고 설거지해도 손이 상할염려가 없다.

참고로 누구나 쉽게 활용하여 만들 수 있도록 첨가물 들어가는 양(%)을이해하기 쉽게 옮겨 놓았다.

표를 보면 정확하게 '얼마다'라고 정하지 않고 '1~5%' 이런 식으로 적혀있다. 그것은 우리가 음식 만들 때 소금이나 고춧가루 등 조미료를 저울에

비누에 따른 오일 첨가량

코코넛유	세정력 강 아토피 비누 : 오일 양의 20% 아기 비누 : 오일 양의 18~20% 특성에 따른 비누 : 20~100% 가능함
팜유	보습효과와 경도 조절(단단) : 20~30%
올리브유	보습과 피부 진정 목적 : 1~100%
포도씨유	비타민과 철분이 풍부함, 산화 방지 목적일 때 : 5~10%
피마자유	비누의 투명도 상승, 거품 증가 작용 촉촉한 느낌, 피부염, 화상 : 1~30%(다량 사용하면 끈적임)
기강유(쌀겨기름)	미네랄과 비타민E 풍부 트레이스를 빠르게 함 : 5~30%
시어버터	보습 효과 목적일 때 : 5~30%
달맞이유	각종 염증과 가려움증 완화 : 5~20%

계량하여 정확한 양을 넣지 않고 적당히 자기 입맛에 맞도록 넣는 것처럼 한계를 정해준 것뿐이다.

음식을 만들 때 어떤 양념을 어떻게 넣느냐 또는 어떻게 조리하느냐에 따라 음식의 종류와 맛이 전혀 다른 것처럼, 천연비누나 화장품도 똑같은 재료지만 무엇을 어떻게 첨가했느냐에 따라 비누가 만들어지기도 하고, 화장품이 만들어지기도 한다.

저온법(Cold Process, CP비누)

많은 이들이 처음에는 녹여 붓기로 만든 비누를 쓰면서도 만족해하다가 '더 질 좋은 비누를 만들 수는 없을까?' 하는 갈망을 하게 된다. 그러다 결국 더 좋은 비누를 만들기 위해 도전해 보게 된다. 인간에게 그런 욕망이 없다면 세상은 이처럼 아름답게 발전을 할 수가 없었을 것이다. 그런 욕망은 인간의 삶의 질을 높여주며 인간의 두뇌를 아름답게 진화시키는 지름길이 될 것이다. 모든 이들은 자신이나 이웃들의 행복한 삶을 위하여 끊임없이 노력해 세상을 아름답게 가꿔갈 때 아름다운 한 인간으로 성숙되는 것이다.

천연비누를 만들어 쓰던 사람들이 더 질 좋은 비누에 대한 욕망으로 탄생한 것이 저온법 비누이다. 그러나 녹여 붓기 비누를 만들어 본 경험이 전혀 없는 이도 저온법의 천연비누를 얼마든지 만들 수 있다.

비누를 저온법으로 만들 때도 우리가 음식으로 먹을 수 있는 오일이나 기타 첨가물 등을 재료로 선택하는 것이 원칙이다. 자신이 먹어서 건강에 좋은 것은 피부에 발랐을 때도 좋은 것이라는 것만 이해할 수 있다면 얼마든지 자신에게 맞는 좋은 비누를 만들 수 있다.

비누 만들 때는 어떤 재료든지 적당히 들어가야 하며 무엇보다도 자기 체질에 잘 맞아야 한다. 나에게 좋은 음식이 모두에게 좋은 것이 아니듯 내

피부에 좋다고 다른 모두에게 좋은 것도 아니다. 체질마다 잘 맞는 재료들이 따로 있으므로 천연비누를 만들 때에는 쓰려고 하는 재료들의 특성을 먼저 잘 파악하고 시도하는 것이 좋다.

오일 종류별 특성표를 확인하며 어떤 비누를 만들지를 정한다. 또한 앞에 제시된 비누에 따른 적정 오일 첨가량 표를 보며 적정한 양을 결정해 본다.

예를 들어 전체 오일 양이 750g일 때 균형감 있는 비누를 만들기 위해서는 코코넛 유 200~250g, 팜유 150~200g을 넣고 나머지는 보습계열 오일로 하면 좋다. 표를 보면 코코넛유는 매우 단단하고 세정효과가 좋다고 되어 있지만 거품의 안정성이 떨어지고 약간 거칠다고 되어 있다. 반면 팜유는 거품은 천천히 일어나지만 단단하고 세정력과 보습이 좋고, 매우 순하다는 사실을 알 수 있다. 예를 들어 오일 총량이 1,000g이라면 팜유 250g, 코코넛유 250g를 기본으로 정한 다음 나머지 500g은 기타 오일을 배합하는 것도 좋은 방법이다.

CP비누를 만들기 위해서는 기본적으로 가성소다 또는 가성가리, 오일, 증류수, 시약스푼, 용기 2개, 핸드블렌더, 기타 첨가물이 필요하다.

※ CP비누(저온법 비누)를 만들 때는 주로 증류수를 사용하지만, 기능성 향상을 위하여 한약재 우린 물을 사용하기도 한다(수돗물도 비누는 만들 수 있지만 수돗물 속에 포함된 화학물질 때문에 피하는 것임). 이때 강알칼리성인 가성소다를 다루므로 세심한 주의가 필요하다. 만약 가성소다 분말이나 가성소다 녹인 용액이 눈에 닿거나 피부에 닿으면 실명 또는 화상을 입게 되므로 주의가 필수다.

오일로 비누를 만들 때는 가성소다(NaOH)나 가성가리(KOH)를 이용하는데 이때 고체 비누를 원한다면 가성소다가, 액체 비누를 원한다면 가성가리가 필요하다. NaOH와 KOH 모두 강한 알칼리 성분으로 지방산이나 유지와 반응하여 둘 다 비누가 되긴 하는데 NaOH로 비누를 만들면 비누

각종 첨가물 넣는 양

천연 방부제
비타민E : 화장품=0.5~2%, 비누=0.05~0.07%
자몽 추출물 : 화장품=0.5~1%, 비누=0.05~0.1%
포도씨유 : 화장품=1.0~2%, 비누=5.0 ~10%
당근 추출물 : 화장품=0.5~2%, 비누=0.5~5%
에센셜 오일
성인용 비누 : 오일 양의 1~5%(약 20방울은 1g)
유아용 비누 : 오일 양의 0.5%
각종 분말(허브)
클레이 : 비누 무게의 0.5~1%
한약재 : 비누 무게의 1~5%(각질 비누 만들 때는 10%까지 가능하나 보통 비누 1kg에 10~50g 첨가)
밀랍(벌꿀 집) : 오일 양의 1~2%
스테아린산(윤활제) : 1~3%

오일 종류별 비누의 특성

종류	단단한 정도	거품	클렌징	보습
달맞이꽃씨유	부드러움	적음	좋지 않음	매우 순함
맥아유(윗점)	무른 편	적음	좋지 않음	순함
면실유	부드러움	중간	좋음	순함
살구씨유	단단	안정적	좋음	순함
스위트아몬드유	무른 편	적음	보통	매우 순함
올리브유	매우 무름	오래 유지	보통	매우 순함
코코넛유	매우 단단	잘 일어남, 안정성 없음	매우 좋음	약간 거침
콩기름(대두유)	부드러움	많음, 오래 유지	보통	순함
팜유	단단	천천히 일어남	매우 좋음	매우 순함
팜씨유(팜핵유)	매우 단단	잘 일어남	매우 좋음	약간 거침
피마자유 (아주까리기름)	부드러움	잘 일어남, 오래 유지	보통	순함

가 딱딱하게 굳고, KOH로 만들면 말랑말랑한 젤리같이 된다. 따라서 두 제품의 특징을 잘 살리면 용도에 따라 사용하기에 편리한 제품을 만들 수가 있다. KOH는 보통 액체비누로 샴푸나 보디클렌저, 폼클렌징 또는 주방용 액체세제 등을 만든다.

여기서는 주로 NaOH를 활용한 고체비누 만드는 방법을 소개하려 한다.

한약재들은 염증 치료, 해독 해열 작용 등을 한다. 따라서 자연에 있는 식물들 중에는 인체에 유익한 것들이 다양하게 있으므로 누구나 그 특성만 잘 알면 약 또는 건강보조제로 다양하게 활용할 수 있으며, 비누나 화장품 만들때 첨가물로도 요긴하게 활용할 수 있다(각종 한약재 등 첨가물은 〈부록〉 참조).

다만 각종 한약재를 사용하고자 할 때는 해독작용이 좋은 감초를 같이 첨가하는 것도 하나의 방법이다. 분말 총량의 약 5~15% 정도를 첨가하면 부작용 없는 비누가 되기 때문이다. 감초를 비롯한 모든 식물에는 아직도 인간이 알아낼 수 없는 수많은 물질들이 포함되어 있다. 당근을 예로 든다면 비타민이나 섬유질, 무기질, 항산화물질 등 여러 가지 영양 성분이 들어있다고 밝혀져 있지만 사실은 그런 성분 외에 아직 알아내지 못하는 물질들이 다량 포함되어 있다고 한다. 그러나 많은 이들은 어떤 식물에 대해 어떤 전문가가 분석하여 발표한 특정 성분만 들어있는 것으로 착각하는 경우가 많다.

천연비누를 만드는 이들이라면 그런 편견을 버리고 길거리에서 우연히 마주치는 식물들도 아무렇게나 지나치지 말고 한번쯤 '이것을 비누 만드는데 활용하면 어떨까?'하고 눈여겨보는 것도 지혜의 발상이 될 것이다.

혹자들은 허브와 한약재를 별개라고 생각하고 "나는 한약재보다 허브가 더 좋아"라며 '허브'를 고집한다. 그러나 우리가 '허브'라고 말하는 것도 한약재의 범주에 속하고, 한약재도 허브의 범주에 속한다. 따라서 우리가 음식으로 자주 먹는 곡식을 비롯한 상추나 깻잎 또는 시금치 등의 채소나 과일도 약재나 허브라고 말할 수 있다. 문헌을 찾아보면 '허브'가 사람에게 이로운 식물이라고 기록되어 있기도 하지만 '동의보감'을 보면 우리가 음식으로 먹는 모든 것을 약의 범주에 넣었기 때문에 그렇게 말할 수 있는 것이다.

우리가 김치를 담글 때 무나 배추만을 재료로 하여 담그지 않고 들이나 산에서 자라나는 나물(씀바귀, 달래, 취나물, 뽕잎, 고들빼기, 취나물, 깻잎)들을 이용해서도 담글 수 있다. 그리고 양념으로 젓갈류를 넣을 때도 멸치젓이나 새우젓만 넣는 것이 아니라 생태라든가 생새우 또는 오징어도 넣듯이 비누나 화장품에 들어가는 재료들도 꼭 '이거다, 저거다'가 아니라 각종 곡물 분말이나 한약재 분말, 해조류 분말 또는 우리가 나물이나 차(茶)로 활용되는 각종 식물들도 들어가는 양만 제대로 맞추어 주면 훌륭한 제품을 만들 수 있다. 음식을 만들 때 소금의 양과 기타 양념의 양을 적당히 넣어야 맛이 좋듯이 천연비누를 만들 때도 어떤 것을 어떻게 첨가했는지의 여부가 중요하다.

CP비누를 만든다면 각종 식물(한약재)을 우린 액을 증류수 대용으로 넣을 수도 있고, 각종 약재나 곡식 분말을 비누 전체 양의 1~3% 이내로 첨가해야 한다. 만약 각종 분말을 너무 많이 첨가하게 되면 비누의 경도가 떨어질 수도 있으므로 이 점에 유의하기 바란다. 비누의 경도는 오일의 종류, 가성소다 양, 증류수의 양 등에 영향을 받게 된다.

또한 요즘은 집마다 냉동실이나 냉장실에 유통기한 때문에 먹자니 꺼림칙하고 버리자니 아깝다는 생각이 드는 각종 건강식품(분말이나 액체로 된 것)들이 한두 가지쯤 있을 것이다. 그럴 때는 버리지 말고 비누 만들 때 첨가물로 넣어 쓰거나 목욕할 때 팩으로 이용하면 좋다. 천연제품을 만들어 쓰는 이들이라면 그런 것들을 잘 활용할 줄 아는 지혜가 필요하다.

분말의 경우 MP비누(녹여 붓기)를 만들 때 비누베이스 총량의 5~30% 이내로 첨가하는 것이 좋고, 액체 종류라면 CP비누 만들 때 넣는 것이 좋다. CP비누를 만들 때는 액체 종류의 경우 증류수와 섞어 가성소다를 녹일 때 넣고, 분말 종류의 경우 오일에 가성소다 용액을 섞어 블렌딩 시 묽은 젤 상태일 때 전체 양의 1~2% 이내로 넣는 것이 좋다. 만약 많은 양을 넣을 경우 비누가 묽어질 수도 있다.

그런 먹거리들은 비누 외에 팩이나 마사지용으로도 사용할 수 있다. 이때는 적당 양에 우유를 넣어 걸쭉한 죽처럼 만들어 목욕 중에 두피마사지나 온몸 마사지를 하면 건강한 두피와 부드러운 피부를 간직할 수 있다. 때로는 올리브유에 분말을 넣어 죽처럼 걸쭉하게 만든 뒤 5%의 올리브 리퀴드를 첨가하여 섞은 후 온몸에 바르고 20~25분 동안 마사지한 후 천연 각질 비누로 깨끗이 씻어내면 건성피부가 부드러워지면서 윤택해진다.

이처럼 천연비누를 만드는 이들은 일부러 돈 주고 팩할 재료(황토, 머드 등 기타 재료)를 구입할 필요 없이 집에 있는 것들을 활용할 수 있다. 만약 사용하다 싫증난 팩 재료가 있으면 그것을 비누 만드는 데 첨가물로 사용해도 좋다.

비누를 만들기 위해서는 먼저 '어떤 비누(보습 비누, 아토피 비누, 여드름 비누, 각질 비누 등)를 얼마나 만들 것인가?'를 생각해야 한다. 앞의 표를 보며 거품, 세정력, 굳기나 보습력 등을 고려하여 사용하고자 하는 오일 양의 비율을 결정한다. 만약 오일 전체 양이 800g이면 1kg 몰드에 들어가는 것이 적당한 양이 된다.

CP비누

증류수와 가성소다 양(量) 구하기(비누화 표를 보고 계산함)

가성소다 138g, 증류수 297g

- **유상** : 코코넛유 300g, 팜유 350g, 피마자유 200g, 포도씨유 50g
- **첨가물** : 유노하나 또는 한약재 3~5%, 설탕, 곡물 분말 3~5%, 에센셜 오일(취향에 따라 10g)

※ 원하는 오일을 얼마든지 바꿀 수 있다.

【증류수 양 : 오일 총량의 33%(통상 30~35%)】

- **오일 총량** : 300 + 350 + 200 + 50 = 900g
- **증류수 양** : 900 × 0.33(33%로 계산했을 경우) = 297g

【가성소다 양】

- **코코넛유** : 300 × 0.19 = 57
- **팜유** : 350 × 0.141 = 49.35
- **피마자유** : 200 × 0.1286 = 25.72
- **포도씨유** : 50 × 0.1265 = 6.325

  (57 + 49.35 + 25.72 + 6.325 = 138)

계산된 수의 답을 모두 합한 138이 가성소다의 양이다. 소수점 이하 반올림이 안 되는 수는 버린다.

건조한 날씨	봄, 가을, 겨울
오일 총량	900g
증류수	297g
가성소다	138g

비누화 표(오일별 가성소다 양)

오 일	가성소다 (NaOH)	가성가리(KOH)	오 일	가성소다 (NaOH)	가성가리 (KOH)
올리브유	0.1340	0.1876	로즈힙오일	0.1378	0.1930
코코넛오일	0.1900	0.2660	면실유	0.1386	0.1940
팜 오일	0.1410	0.1974	밀랍	0.0690	0.0966
포도씨오일	0.1265	0.1771	넛맥버터	0.1160	0.1624
피마자오일	0.1286	0.1800	님 오일	0.1387	0.1941
달맞이꽃씨오일	0.1357	0.1900	녹차씨기름	0.1370	0.1900
카놀라유 (유채기름)	0.1324	0.1856	대마씨기름	0.1345	0.1883
살구씨유	0.1350	0.1890	땅콩기름	0.1360	0.1904
스윗아몬드유	0.1360	0.1904	망고유	0.1371	0.1920
아보카도유	0.1330	0.1862	밍크기름	0.1400	0.1960
코코아버터	0.1370	0.1918	복숭아씨유	0.1370	0.1920
호호바유	0.0690	0.0966	에뮤(조류기름)	0.1359	0.1906
미강유(쌀겨기름)	0.1280	0.1792	옥수수기름	0.1360	0.1904
윗점(맥아유)	0.1310	0.1834	참깨기름	0.1330	0.1862
시어버터	0.1280	0.1792	콩기름(대두유)	0.1350	0.1890
해바라기씨기름	0.1340	0.1876	쿠쿠아넛	0.1350	0.1860
동백기름	0.1362	0.1910	타조기름	0.1390	0.1946
보리지유	0.1357	0.1900	팜버터	0.1560	0.2184

헤이즐럿유	0.1356	0.1898	팜핵유	0.1560	0.2184
마카다미아넛오일	0.1390	0.1946	호두기름	0.1353	0.1894
홍화씨유	0.1360	0.1904	돈지(돼지기름)	0.1380	0.1932
금잔화 (카렌듈라)유	0.2710	0.1900	쇠기름	0.1405	0.1967
라놀린 오일	0.0741	0.1037	쇼트닝	0.1360	0.1904

※ 에센셜 오일은 비누 전체 양의 0.3~1.0%(틀에 붓기 바로 전에 넣고 저어준다)

앞의 계산으로 볼 때 900g의 오일을 비누화시키기 위해서는 297g의 물 (증류수)과 138g의 가성소다가 필요하다.

예를 들어, 가성소다 값을 구할 때 소수점 이하의 숫자를 버린다고 해서 비누가 안 되는 것은 아니고, 오일 총량의 1~2% 정도 더 들어갔다고 해서 비누가 안 되는 것도 아니다. 또한 증류수 양을 계산할 때도 소수점 이하의 값을 버린다고 해서 특별히 잘못되는 것도 없다. 다만 한계선, 즉 30~35% 일 때 30%에 못 미치거나 35%가 넘으면 그때는 곤란할 뿐이다(건조한 일 기일 때를 기준으로 함).

위의 처방에서 오일 종류 중 피마자유나 포도씨 유를 올리브유나 해바라 기유 또는 동백유나 기타 기능성에 따라 다른 오일 종류로 얼마든지 바꿀 수도 있다. 경험에 의하면 전체 오일 양의 70%를 팜유나 코코넛유로 처방 했을 때 비누가 너무 단단했다. 팜유나 코코넛유는 비누의 경도에 많은 작 용을 한다.

비누 만들 때 생각해야 할 것이 있다. 건조한 겨울이나 봄가을 또는 장마 철에 따라 증류수 양이나 가성소다 양을 1~2% 내에서 조정 가능하다. 앞 의 계산에서 장마철이라고 가정하면, 증류수는 오일 총량의 30%, 가성소 다는 오일 총량의 1%만큼 더 첨가하여 다음과 같이 계산할 수 있다.

예) 오일 총량 900g일 때

　증류수 : 900g × 0.3 = 270g

　가성소다 양은 138g + 9 = 147g(오일 총량 900에 대한 1%는 9이므로 그
　숫자를 더함)

장마철(6~8월)	
오일 총량	900g
증류수	270g
가성소다	147g

저온법이나 고온법 또는 설탕을 첨가하여 비누 만들 때 각종 분말을 많이 넣으면 비누가 묽어지는 수가 있다.

① 두 개의 용기에 증류수와 가성소다를 따로 계량한다.
② 계량된 증류수 용기에 계량된 가성소다를 넣으면서 완전히 녹인다(가성소다에 물이 첨가되면 온도가 90도 이상 상승하므로 조심해야 한다).
③ 오일을 계량하여 핫플레이트에 올려서 녹이면서 골고루 섞어 50~60도로 맞춘다.
④ 가성소다 용액이 50~60도로 내려갈 때까지 기다린다.
⑤ 시약스푼으로 저으면서 ④번을 ③번에 부어준다(시약스푼과 핸드블렌더를 이용하여 젤(죽) 상태가 될 때까지 저어준다. 가성소다 용액과 오일의 온도가 똑같을 때 섞을 것).
⑥ 죽 상태일 때 첨가물(에센셜오일과 각 분말)을 넣고 빨리 섞어준다(지체할수록 굳어짐).

⑦ 비누 틀에 소독하고 ⑥의 내용물을 붓고 뚜껑을 덮는다.

⑧ 보온을 위해 두꺼운 수건으로 싸주거나 아이스박스에 넣어 2~3일간 보관한다.

⑨ 틀에서 뺀 후 5~7일간 건조하여 비닐로 싼 다음 2개월 이상 숙성시킨 후 사용한다.

※ 가성소다를 다룰므로 통풍이 잘되는 곳에서 할 것

※ 비누 제조 후 용기나 기구를 즉시 씻으려 하지 말고 2~3일 뒤 닦는 것이 좋다. 즉시 닦으려면 기름 때문에 뜨거운 물에 비누칠을 해도 잘 닦이지 않지만 2일 정도 경과하면 비누화가 진행됐기 때문에 힘들이지 않고도 잘 닦인다(고무장갑 사용).

이렇게 만든 비누는 머리 감을 때도 좋다. 만약 좋은 머릿결을 원한다면 동백유 등 두피에 좋은 오일을 찾아 처방을 정하면 된다.

방법② : 문제성 피부용

가성소다 138g, 증류수 297g

- **유상** : 올리브유 150g, 코코넛유 180g, 팜유 150g, 피마자유 20g, 동백유 50g, 호호바유 30g, 달맞이유 30g
- **첨가제** : 캐모마일분말 5g, 박하분말 20g, 감초분말 10g, 비타민 E 5g, 에센셜오일(티트리 4g, 페퍼민트 3g, 캐모마일 2g)
- **에센셜 오일** : 캐모마일 오일 2g

(순서는 방법 1과 동일)

고온법(Hot Process, HP비누)

HP비누는 완성된 재질이 투명하고 부드러우며 순하다. 천연비누를 만드는 이들이 CP비누보다 더 높은 질을 원할 때 이 방법을 선택하는데 숙성기간도 단축되어 CP비누보다 3~4주 정도 빨리 사용할 수 있다.

고온법은 중탕하는 온도, 용제의 양, 제조하는 데 걸리는 시간이나 경화시키는 데 걸리는 시간에 따라 투명도가 좌우된다. 그러나 투명도가 떨어졌다고 비누의 질이 떨어지는 것은 아니다. 투명도가 마음에 들지 않는다고 걱정할 필요 없이 여러 번 시도해보면 틀림없이 마음에 드는 투명도가 나오므로 주저하지 말고 도전해보자. 투명도는 겨울보다 여름에 더 잘 나타난다.

만약 한 번 해보고 안 된다고 포기하는 것은 겁 많은 고양이가 쥐 사냥을 포기하는 것과 같고 식탁에 소금을 두고도 음식 간을 못 맞추는 것과 같다.

이 방법은 저온법과는 달리 제조과정에 설탕과 글리세린, 에탄올이 첨가되어 비누의 투명도를 높여주는 방법이다. 이 방법도 저온법일 때처럼 유상(오일계열)과 수상(워터계열) 또는 첨가물 계산까지는 모두 같으므로 먼저 어떤 비누(보습 비누, 아토피 비누, 여드름 비누, 각질 비누 등등)를 얼마만큼 만들 것인가를 결정하고 거품, 세정력, 굳기나 보습력 등을 고려하여 사용하고자하는 오일 양의 비율을 결정한다.

가성소다, 오일, 증류수, 시약스푼, 용기 2개, 중탕용 냄비, 핸드블렌더, 기타 첨가물등이 기본적으로 필요하다.

HP비누

증류수와 가성소다 및 기타 양(量) 구하기(비누화 표를 보고 계산함)

가성소다 138g, 증류수 297g

• **유상** : 코코넛유 300g, 팜유 350g, 피마자유 200g, 포도씨유 50g

- **첨가물 :** 유노하나 또는 한약재 3~5%, 곡물 분말 3~5%
- **에센셜 오일 :** 취향에 따라 10g

※ 원하는 오일을 얼마든지 바꿀 수 있으며, 피마자유를 넣으면 비누의 투명도가 높아진다.

【증류수 양: 비누 만들 오일 양의 32%(통상 30~35%)】

- 오일 총량 : 300 + 350 + 200 + 50 = 900g
- 증류수 양 : 900 × 0.32(32%로 계산했을 경우) = 288g

【가성소다 양】

- 코코넛유 : 300 × 0.19 = 57
- 팜유 : 350 × 0.141 = 49.35
- 피마자유 : 200 × 0.1286 = 25.72
- 포도씨유 : 50 × 0.1265 = 6.325

  (57 + 49.35 + 25.72 + 6.325 = 138.395)

【에탄올, 글리세린, 설탕, 설탕 녹일 증류수 양 구하기】

- 에탄올 : 오일의 33%, 900 × 0.33 = 297g
- 글리세린 : 오일의 20%, 900 × 0.2 = 180g
- 설탕 : 오일의 20%, 900 × 0.2 = 180g
- 설탕 녹일 증류수 : 설탕의 50%, 180 × 0.5 = 90g

첨가물 계량

한약재, 허브, 곡물 등은 1~2%까지 가능하다. 그리고 에센셜 오일(Eo)

은 오일 총량의 0.5~1%이다. 한약재나 기타 허브를 첨가할 때 투명한 색상을 원한다면 우린(끓임)액을 첨가하면 된다. 이때는 가성소다 녹이는 증류수 대용으로 사용하면 되고, 분말을 넣고 싶을 때는 에센셜 오일(Eo) 첨가 직전에 넣고 저어주면 된다.

오일 총량	900g
에탄올	297g
가성소다	138g
가성소다 희석용 증류수	288g
설탕	180g
설탕 희석용 증류수	90g
글리세린	180g

- 설탕은 끓는 물에 완전히 녹여 밀봉한다.
- 에탄올·글리세린은 각각 계량하여 증발하지 않도록 뚜껑을 밀봉한다.

① 용기 두 개에 증류수와 가성소다를 각각 계량한다.
② 계량된 증류수에 계량된 가성소다를 넣으면서 시약스푼으로 저어 완전히 녹인다.
③ 오일을 계량하여 열기구에 올려 70도로 가열한다(시약스푼으로 충분히 저어 섞어줌).
④ 가성소다 용액도 70도로 맞춘다(가성소다는 물에 녹을 때 화학반응을 일으켜 온도가 90도 이상 상승하므로 70도로 내려갈 때까지 기다림).
⑤ 시약스푼으로 저으면서 가성소다 용액을 오일용기에 부어준다(시약스푼과 핸드블렌더를 이용하여 CP비누를 만들 때보다 더 걸쭉한 젤(죽) 상태가 될

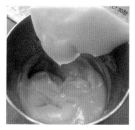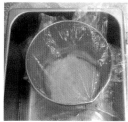

때까지 저어줌).

※ 가성소다를 취급하므로 통풍이 잘되는 곳에 할 것

⑥ 알뜰주걱으로 가장자리에 붙어 있는 것을 긁어 안으로 모으면서 저어준 후, 입구를 비닐로 봉하고 투명해질 때까지 중탕한다.

⑦ 30분 정도에 한 번씩 저어주며, 투명상태로 변할 때까지 중탕한다(끓어 올라올 수도 있으므로 잘 지켜 볼 것).

⑧ ⑦의 내용물이 완전히 투명해지면 글리세린을 붓고 골고루 섞어준다.

⑨ ⑧에 에탄올을 붓고 빠른 속도로 섞어주고 다시 밀봉하여 80도 될 때까지 중 탕한다(중탕기 안에 설탕용액 담은 컵을 같이 넣으면 편리함).

⑩ ⑨에 80도의 설탕 용액을 붓고 시약스푼으로 골고루 섞은 후 뚜껑을 밀봉하여 중탕기 안에 넣어두고 열기구의 불을 끈다.

⑪ ⑩을 중탕기의 나머지 예열로 50도 이하로 내려갈 때까지 기다린다.

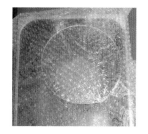

⑫ ⑪의 뚜껑을 열고 위에 떠 있는 흰 거품을 걷어낸다.

⑬ 마음에 드는 에센셜 오일을 넣고 가볍게 저은 후 틀에 부어 스티로폼 상
자 안에서 서서히 경화시킨다(이때 원하는 첨가물도 넣는다).

⑭ 약 24~48시간 후에 틀에서 뺀 다음 적당한 크기로 잘라 건조시켜 3~4
주 후에 사용한다(랩으로 잘 쌀 것).

중탕 과정의 온도나 경화시키는 온도에 따라 투명도가 좌우된다. 투명도
가 떨어졌다고 비누의 질이 떨어지는 것은 아니므로 안심하고 사용해도 된
다. 완성된 비누는 주변의 온습도에 민감하므로 비닐봉지나 랩으로 포장하
여 보관하는 것이 좋다.

아토피나 여드름 등 피부 이상의 원인은?

　요즘은 아토피 때문에 고생하는 아이들이 많다. 아토피 및 피부 이상 증상이 나타나는 데는 여러 가지 원인이 있다. 식습관, 주변 환경, 스트레스로 인한 개인의 건강상태, 청결 정도 등이다.

　식습관으로는 각종 화학물질이 첨가된 먹거리의 연속적인 섭취도 문제지만, 농약에 노출된 채소나 과일 그리고 각종 불량한 화학물질이 첨가된 사료를 먹이거나 스트레스를 받아가며 길러지는 가축의 육류 섭취도 문제라고 한다. 또한 편중된 음식 섭취(편식)로 영양이 결핍되어도 피부에 이상 증상이 나타난다고 한다. 요즘 들어 예전에 비해 피부질환으로 고생하는 사람들이 많아진 것은 사실이다.

　예전에는 '피부 이상'이라고 하면 마른버짐이라든가 도장 버짐 등 청결 상태가 좋지 못하여 전염되는 그런 피부병이 많았는데, 요즘엔 먹거리도 풍족하고, 청결상태가 양호한데도 피부질환으로 고생하는 사람들이 많은 것을 보면 좋지 못한 먹거리와 공기의 오염이 가장 큰 원인일 것이라고 생각된다. 오염된 공기는 피부에 문제를 발생시키고, 호흡기관을 통해 인체 내의 모든 기관에도 문제를 일으킨다.

　피부에 이상이 있는 사람들은 먼저 각종 불량한 화학물질이 첨가되지 않은 친환경 먹거리와 좋은 공기를 마시고, 천연비누를 꾸준히 사용해 건강한 삶으로 변화될 수 있길 바란다.

6장

천연화장품 만들기

1. 천연화장품 이해하기

천연 화장품 바로 알기

화장품은 수분을 전혀 첨가하지 않는 것부터 98% 이상 수분이 첨가되는 것까지 있다. 수분을 전혀 첨가하지 않는 것은 무수(無水) 제품으로 파운데이션과 나이트크림, 아이 밤, 립스틱 등이 있으며, 수분이 98% 이상 첨가되는 화장품 중에 흔히 '스킨로션'이라고 표현하는 것 그리고 그 이하의 수분이 첨가되는 각종 로션 종류와 영양크림, 수분크림 종류로 분류한다. 이런 제품들 중에 수분이 첨가되는 화장품은 다 쓸 때까지 냉장 보관해도 2개월 이상 사용하지 않는 것이 좋고, 무수 화장품은 실온에서 1개월 이상 사용 가능하고, 냉장 보관으로는 6~12개월 이상 사용 가능하다는 것을 실험을 통해 터득했다.

수분이 첨가되든 그렇지 않든 화장품은 한꺼번에 많은 양을 만드는 것은 좋지 않다. 만약 수분이 전혀 첨가되지 않는 제품이라고 해도 천연재료를 원료로 했기 때문에 한 번에 많은 양을 만들어 오랫동안 사용하는 것은 텃밭 농사짓는 이가 일주일 후에 먹을 채소를 미리 뽑아다 두고 먹는 것과 다르지 않다. 천연화장품을 직접 손수 만들어 사용하는 이라면 적은 양을 만들어 사용하는 것이 바람직하다.

싱싱한 채소로 음식을 만들면 맛은 물론 건강에 좋은 영향을 미치는 것처럼 화장품을 만들 때도 좋은 재료를 선택해야 한다. 살아 있는 피부는 외부로부터 많은 것을 다양하게 흡수하기 때문에 피부에 좋은 물질을 접하게 되면 좋은 영향을 받아 좋은 피부가 되지만, 좋지 못한 물질을 접하게 되면 피부는 나쁜 쪽으로 변한다.

자연계에 존재하는 모든 생명체 동식물 등은 주변의 환경, 태양광의 조도, 온도, 공기라든가 물 또는 토양의 오염정도에 따라 많은 영향을 받는다. 천연제품을 만들기 위하여 그 재료들을 구입하는 데도 심혈을 기울어야 한다. 어떤 환경에서 자랐느냐에 따라 우리가 만든 화장품 등 천연제품에도 많은 영향을 미치기 때문이다. 예를 들어 수분이 98% 이상 들어가는 스킨로션을 만들 때 어떤 재료를 선택할 것인가에 대하여 고민해 보아야 한다. 에센셜 오일이나 기타 오일 등을 첨가하게 될 때 좋은 재료를 사용했다면 그만큼 스킨로션의 질은 향상되어 피부에 좋은 영향을 준다.

화장품을 제조할 때는 각종 식물성오일 종류가 필수적으로 들어간다. 화장품에 들어가는 식물성오일들은 로션이나 영양크림, 파운데이션 같은 화장품만이 아니라 헤어로션, 기타 여러 가지 밤, 벌레 물린 데 바르는 연고,

립스틱 만드는 데도 첨가된다. 이와 같은 제품들을 제조하기 위해서는 먼저 제품에 첨가되는 재료들의 성분과 특성을 잘 파악하여야 한다(〈부록〉참조).

화장품 만들 때 쓰이는 용기와 도구

- **내열 유리컵 2개** : 유상용, 수상용(손잡이 냄비 가능)
- **소형 블렌더** : 유상과 수상을 혼합할 때 사용한다(계란거품기)
- **알뜰 주걱(소형)** : 내용물을 깨끗이 모으기용
- **저울** : 오일이나 수상 기타 재료들을 계량
- **핫플레이트** : 유상이나 수상을 가열(가스레인지나 전기 프라이팬 가능).
- **시약스푼** : 재료를 저어주거나 계량할 때 필요(티스푼 가능)
- **온도계** : 유상이나 수상의 온도가 품질 좌우
- **화장품 용기** : 완성된 제품을 담음(재활용 가능)

　화장품 만드는 과정 중에 고열의 액체(용액)를 저을 때는 유리봉이나 스테인리스 제품으로 저어야 한다.

천연화장품을 만들기 전에 알아야 할 점

천연화장품을 만들려고 하는 이들 중에는 생물시간에 배운 피부구조에 대해 잘 기억하고 있는 사람도 있겠지만 전혀 기억 못하는 사람도 있을 것이다. 천연화장품을 만들어 보고 싶다면 참고삼아 피부에 대해 조금이라도 알고 있으면 도움이 된다. 그래야 표피층 또는 진피층이 어떻고 피하조직이 어떻고 하며 떠들어대는 말을 잘 알아들을 수 있다.

화장품은 피부와 직접 접촉하기 때문에 제품에 유독물질이 들어가서는 안 된다. 피부구조는 표피 · 진피 · 피하조직으로 되어 있으며, 인체의 제1방어선으로 신체 표면을 완전히 덮고 있는 인체 중 가장 큰 기관이다. 또한 보호작용 · 감각작용 · 배설작용 · 체온조절작용 · 호흡작용, 비타민D의 생산 및 흡수작용 등을 한다.

알칼리의 중화 능력을 가졌으며, 피부 표면을 약산성으로 일정하게 유지시키는 완충능력이 있으며, 화학적으로 유해한 자극으로부터 보호역할을 하며, 과도한 수분의 내부 침입이나 외부로의 유실을 방지하는 역할을 하고, 면역에 관여하는 세포가 존재하여 면역반응을 통하여 생체 방어기구에 관여하고 살균 능력이 함유되어 있는 불포화지방산으로부터 피부표면에서의 세균 발육을 저해시킨다. 뿐만 아니라 피부의 멜라닌 색소는 자외선을 흡수하여 생체를 자외선에 의한 장해로부터 보호한다.

이렇듯 중요한 기능을 하는 피부를 위한 제품에 좋은 재료를 쓰는 건 당연한 일 아닐까?

천연화장품을 만들 때 알아야 할 점

• 용기와 도구를 사용할 때마다 소독한다.
• 증류수나 약초 또는 기타 과일 우린 물을 담더라도 용기나 도구를 소독한다.

- 에센셜 오일을 첨가할 때는 35~40도 이하일 때 넣어야 좋다.
- 천연화장품에 보존기간을 높이기 위하여 비타민E 또는 자몽추출물을 첨가하지만 1~2개월 이상은 넘기지 않도록 조금씩 만들어 쓴다.
- 비즈 왁스나 몬타노브 왁스 등 천연왁스 종류를 첨가할 때 3~30%까지 첨가 가능하나 제품과 계절에 따라 다르다.
- 워터계열이나 오일계열 원료를 가열할 때는 80도 이상 또는 75도 이하로 내려가지 않도록 주의한다.
- 원료를 혼합하기 위해 저을 때는 한 방향(같은 방향)으로 하고 스푼을 이용할 때는 되도록 빠르게 저어준다.
- 한 개의 온도계로 오일과 워터를 번갈아 잴 때는 항상 전에 재던 물질을 화장지로 깨끗이 닦아낸다.
- 천연화장품은 비타민E 또는 자몽추출물 등 천연방부제를 첨가하더라도 냉장 보관을 원칙으로 한다.
- 얼굴에 사용하는 제품에 에센셜 오일을 첨가할 때는 제품 총량의 1% 이하로 구성한다.
- 젤 타입일 때 워터베이스 원료를 가열할 때 40도를 넘지 않도록 한다.

제품 종류별 완성품 총량에 첨가되는 에센셜 오일(Eo)의 양

스킨로션	100g	3~5방울
크림, 로션	100g	7~10방울
젤 타입 화장품	100g	3~5방울
아이 젤, 아이 밤, 아이크림	100g	3~7방울
보디크림, 보디로션	100g	20~50방울(2~3g)
목욕 용품	100g	2~3g
아기 용품	100g	가급적 적은 양 사용함

- 쟁탄검은 너무 많이 사용하면 하얗게 일어나므로 적당량만 사용한다(크림형일 때 1~1.5% 정도).

2. 천연화장품 만들기

수분 화장품

1) 스킨로션

(1) 스킨로션의 이해

스킨이란 피부를 말한다. 즉, 스킨로션이란 피부에 수분을 보충해 주며 세안할 때 확대되어 있는 피부를 수축시켜 주기 위해 바르는 로션으로, 화장품 중에 수분 함량이 가장 많이 포함되어 있다.

남녀 모두 화장의 제1단계는 깨끗한 세안으로 피부에 부착된 오물을 씻어내는 것이다. 그리고 제2단계로 스킨로션을 바르는데 그 목적은 수렴작용이다. 수렴작용이란 미온수로 세안한 후 모공이 확대되고 근육이 이완되어 탄력을 잃은 피부를 수축시켜 피부에 긴장감을 주고 탄력을 증가시키는 것을 말한다. 남녀 모두 세안 후 스킨로션을 바른 후 밀크로션을 바르는 것이 이상적인 피부 관리 과정이다.

그러나 최근에는 스킨로션이 수렴작용만을 목적으로 하지 않는다. 만약 수렴작용만을 목적으로 한다면 세안 후 찬물로 10~20회 이상 터치만 해 줘도 충분하다. 목욕탕 뜨거운 물에서 나와 곧바로 찬물로 피부를 터치해 주는 것도 수렴작용을 돕는 데는 좋다. 그렇지만 좋은 화장수(스킨로션)를 바르는 것은 수렴작용 가운데 피부에 좋은 영양분을 흡수하도록 도와주어 피부가 더 건강하고 아름다워지기를 바라기 때문이다.

인간이 질 좋은 화장품을 선호하는 까닭은 무엇 때문일까? 가장 큰 이유는 피부의 노화 속도를 지연시켜 줄 수 있기 때문일 것이다. 천연화장품을 만들기를 통해 누구나 질 좋은 각종 비타민과 미네랄이 풍부한 재료들을 선택해 본인의 피부에 맞는 화장품을 만들어 피부를 아름답게 꾸밀 수 있길 바란다.

⑵ 스킨로션 만들기

여기서 만드는 스킨로션은 수분을 95% 이상 첨가한다. 또한 여기에 사용되는 수분은 플로럴 워터를 포함하여 각종 한약재나 해조류 또는 과일 우린 액 등을 응용할 수 있다(편의상 에센셜 오일을 'Eo'라고 표시한다).

건성피부용

- **유상** : 호호바유 1g, 비타민E 1g, 솔루비라이저 4g
- **수상** : 어성초 우린 물 50g, 캐모마일 워터 70g
- **첨가물** : 콜라겐 1g, 글리세린 1g, 에센셜 오일 5방울(본인이 원하는 것)

① 워터계열을 30~35도로 가열한다.
② 소독한 스킨 병에 첨가물(비타민E+호호바유+솔루비라이저)을 넣고 충분히 흔들어 섞은 다음 ①의 증류수를 넣고 다시 충분히 흔들어준다.
③ ②에 글리세린과 콜라겐을 넣고 다시 흔들어 섞어준다.
④ 다 쓸 때까지 냉장 보관한다.
※ 용기와 도구는 항상 에탄올을 사용하여 소독할 것

여기서는 호호바유와 비타민E를 오일계열로 보고 솔루비라이저를 4g 넣어주면 된다. 만약 솔루비라이저가 없을 때는 올리브 리쿼드 4g을 첨가한다. 캐모마일 워터나 인삼 워터처럼 향이 있는 수상에는 에센셜 오일을 첨가하지 않아도 좋지만, 증류수만 사용할 때는 에센셜 오일(Eo)을 첨가한다. 에센셜 오일은 아로마테라피 효과를 기대할 수 있어 좋다.

지성피부용

- **유상** : 호호바유 5방울, 비타민E 1g, 솔루비라이저 1g
- **수상** : 어성초 우린 물 50g, 감초 우린 물 50g, 티트리 워터 50g
- **첨가물** : 콜라겐 1g, 글리세린 1g, 에센셜 오일 5방울(본인이 원하는 것)

① 워터계열 150g을 내열용기에 담아 30~35도로 가열한다.
② 콜라겐, 글리세린을 제외한 오일 계열, 유상과 에센셜 오일을 소독한 병에 담고 충분히 흔들어 희석한 다음, ①의 워터계열을 2회에 나누어 넣으며 희석한다.
③ 콜라겐과 글리세린을 넣고 흔들어 골고루 섞어준다.
④ 다 쓸 때까지 냉장 보관한다.

한 번에 너무 많은 양을 만들지 말고, 지성피부에는 에탄올이나 보드카 등을 사용하면 좋다.

한방 스킨로션

- **유상** : 호호바유 1g, 비타민E 1g, 올리브 리쿼드 3g
- **수상** : 한약 우린 물 100g

• **첨가물** : 콜라겐 1g, 글리세린 1g, 에센셜오일(페퍼민트 3방울)

① 한약 우린 물 100g을 내열용기에 담아 30~35도로 가열한다.
② 콜라겐, 글리세린을 제외한 오일 계열, 유상과 에센셜 오일을 소독한 병에 담고 충분히 흔들어 희석한 다음, ①번을 2회 나누어 넣으며 희석한다.
③ 콜라겐과 글리세린을 넣고 흔들어 골고루 섞어준다.
④ 다 쓸 때까지 냉장 보관한다.

　한약 우린 물은 당귀나 쑥 우린 물 또는 본인이 원하는 것을 사용한다. 에센셜 오일 향 또한 본인이 원하는 것으로 얼마든지 바꿔 사용할 수 있으나 합성 향은 피하는 것이 좋다.

　감초나 당귀가 피부를 탄력 있고 윤택하게 해주며, 비타민E와 글리세린은 천연 방부 효과도 있고, 피부를 부드럽고 촉촉하게 해 준다. 또한 콜라겐은 신진대사(新陳代謝)를 도와 피부를 탱탱하고 윤택하게 한다.

2) 밀크로션

　로션과 크림은 색조화장의 전 단계로 피부에 많은 영향을 주는 화장품이다. 이 화장품은 유분이나 수분 함량 또는 각종 영양성분을 적절하게 혼합하여 만들 수 있어 피부에 각종 영양분을 투입해 줄 수 있는 매체다.

　피부의 건조도 여부에 따라 유분의 함량을 조절할 수도 있고, 피부의 노화도 또는 피부색에 따라 각종 기능성이 높은 재료들을 첨가하여 제조할 수도 있어 좋다.

　로션이 우윳빛처럼 하얀색을 띤 것을 밀크로션이라고 한다. 밀크로션을 원한다면 유상(오일종류)이나 수상(워터종류)을 무채색을 선택하고, 기타

로션과 크림, 왁스의 차이

oil : water	왁스(Wax)류 (몬타왁스, 이멀시파잉왁스, 비즈왁스, 칸데릴라 왁스 등)
로션 1 : 9 크림 2 : 8 ※로션이나 크림 모두 피부의 성상 정 도에 따라 오일 양의 조절이 가능하 므로 꼭 이 공식대로 할 필요는 없다.	로션 전체 양의 3~5% 크림 전체 양의 6~10%(여름엔 10~13%) ※왁스 종류의 사용도 자신에게 맞도록 조절이 가능하 다. 그러나 한계량을 넘으면 뻑뻑한 느낌이 들기 때 문에 너무 많은 양은 나쁘다.
쟁탄검	에센셜 오일(Eo)과 보존제
젤 타입일 때 사용 총량 100g일 때 1~2g	총량 100g 기준 에센셜 오일 : 5~10방울 비타민E 또는 자몽추출물 1%

색상을 원한다면 원하는 색상의 유상과 수상을 선택하면 된다. 이때 노란색을 원한다면 오일이나 증류수에 치자를 우려내고, 핑크색을 원한다면 비트나 오미자를 우려서 쓰면 된다.

로션을 제조하기 위해서는 먼저 자신이 원하는 양과 색상을 생각한다. 그리고 피부의 성상 등을 생각하고 원료들의 특징을 숙지하여 처방(레시피)을 짜면 된다. 또한 묽기 정도는 왁스 종류의 양에 따라 조절되므로 화장품 용기를 펌프용 병에 넣을 것인지 아니면 손가락이나 스푼으로 덜어서 쓰는 용기에 담을 것인지에 따라 왁스류의 넣는 양을 조절하면 된다.

비타민E나 자몽추출액, 콜라겐, 글리세린 등의 첨가물은 반드시 40도 이

첨가물 넣을 때 기본으로 알아야 할 것

첨 가 물	온도	들어가는 양 %
비타민E, 자몽추출액, 콜라겐, 글리세린 등등	35~40도 이하	전체 양의 1~3

하일 때 첨가해야 한다.

　스킨이나 로션 또는 크림 등 수분이 첨가되는 제품은 증류수 대용으로 허브(약초) 우린 물 또는 각종 플로럴 워터를 첨가하여 우수한 제품을 제조할 수도 있다. 그런 준비가 없을 때는 증류수를 기본으로 하여 각종 영양성분을 첨가하면 된다. 때로는 첨가물에 잘 발효된 효소를 1% 정도 넣으면 한결 부드럽고 촉촉함을 더해 준다.

　플로럴 워터에는 피부에 유익한 각종 영양분이 함유되어 있어 수분 공급을 원하는 제품에는 더 없이 좋은 재료다.

건성피부용

- **유상** : 호호바유 3g, 올리브유 2g, 시어버터 2g, 이멀시파잉왁스 3g
- **수상** : 증류수 또는 플로럴 워터 100g
- **첨가물** : 카렌듈라 2g, 글리세린 1g, 콜라겐 1g, 비타민E 1g, 에센셜 오일
　　　　　　(라벤더 5방울, 아카시아 3방울)

① 내열 용기에 증류수를 계량하여 75~85도까지 가열한다.

② 내열 용기에 오일 계열을 모두 계량하여 75~85도까지 가열한다.

③ 열기구에서 내려놓고 시약스푼으로 저으면서 ①을 ②에 부어준다.

④ 40도 이하로 내려갈 때 까지 시약스푼이나 거품기로 빠르게 저어준다
　(같은 방향으로).

⑤ 40도 이하일 때 첨가물을 넣고 희석해 소독한 용기에 담아 냉장 보관한다.

　증류수와 오일계열의 온도가 똑같을 때 혼합해야 하며, 저어주는 속도에 따라 로션의 부드러움이나 점도에 차이가 나므로 저어주는데 신경을 써야 한다. 적은 양을 만들 때 소형 핸드블렌더를 이용하면 편리하다.

여드름, 아토피, 건성용

- **유상** : 달맞이유 2g, 호호바유 3g, 시어버터 2g, 몬타노브왁스 3g
- **수상** : 감초 워터 80g, 캐모마일 워터 20g
- **첨가물** : 비타민E 1g, 글리세린 2g, 콜라겐 1g, 카렌듈라유 2g, 에센셜 오일(아카시아 2방울, 라벤더1방울, 티트리 3방울, 페퍼민트 2방울)

① 내열 용기에 증류수를 계량하여 75~85도까지 가열한다.
② 내열 용기에 오일 계열을 모두 계량하여 75~85도까지 가열한다.
③ 열기구에서 내려놓고 시약스푼으로 저으면서 ①을 ②에 부어준다.
④ 40도 이하로 내려갈 때 까지 시약스푼이나 거품기로 빠르게 저어준다 (같은 방향으로).
⑤ 40도 이하일 때 첨가물을 넣고 희석해 소독한 용기에 담아 냉장 보관한다.

감초 워터는 내열 용기에 증류수 200g을 담아 가열하다가 펄펄 끓을 때 깨끗이 씻은 감초 두 쪽 넣고 즉시 불을 끈다. 그 상태로 3~5시간 냉장 보관하면 약간 노랗게 우러난다.

화장품에 항균 이란 의미를 넣고 싶으면 항균성이 높은 유분이나 에센셜 오일 또는 한약재 등을 사용하면 된다. 이 제품은 '호호바 로션' 또는 '콜라겐 로션' 등의 이름을 붙일 수 있다.

3) 수분크림(열기구 사용 안함)

- **유상** : 포도씨유 3g, 카놀라유 2g, 시어버터 3g, 올리브리퀴드 13g
- **수상** : 알로에 베라겔 100g
- **첨가물** : 콜라겐 1g, 글리세린 1g, 비타민E 1g, 에센셜 오일(라벤더 3방울,

티트리 2방울)

① 소독한 컵에 카놀라유, 시어버터, 올리브리퀴드를 넣고 골고루 섞는다.
② ①에 알로에 베라겔을 넣고 섞는다.
③ ②에 각종 첨가물을 넣고 충분히 저어 소독한 용기에 담는다.
④ 냉장 보관하여 사용한다.

4) 영양크림

크림 만드는 방법은 로션 만들기와 같다. 물론 재료의 선택도 별 차이가 없다. 다만 유분이나 왁스의 함량이 로션에 비해 높다. 그 내용물의 질에 따라 이름도 달리 표시한다고 보면 된다. 피부에 탄력을 주거나 염증 제거 능력 또는 피부 재생 능력이나 피부 표백 기능(기미 주근깨 제거 능력) 등 기능성이 있는 성분을 함유한 재료를 선택하여 만든다면 그 화장품은 특별히 기능성이라는 별을 달아줄 수도 있다.

피부의 성상에 따라 건성이라면 유분 함량을 높이고 각종 비타민제나 콜라겐 또는 보습 성분이 많은 재료를 선택하면 되고, 지성이라면 유분 함량을 낮게 하고 비타민E나 콜라겐, 카렌듈라유 등의 영양분과 기능성이 높은 재료를 선택하여 만들면 된다. 아토피나 여드름 등 피부에 이상이 있다면 치유 능력이 많은 재료들을 선택하여 만든다.

여기에 크림 만드는 방법도 가장 기초적인 재료를 선택하여 만들었으므로 각자 자신이 원하는 재료를 선택하여 보다 질 좋은 크림을 만들어 바르기 바란다. 사람은 누구나 피부가 아름다워지면 마음도 아름다워지고, 생활에 자신감도 생긴다. 매일매일 피부에 바르는 화장품을 손수 만들어 쓰다 보면 피부를 더욱 아름답게 가꿀 수 있다.

5) 고보습 아토피 크림

크림의 처방은 로션에 비해 유분 함량을 높게 정한다. 전체 양의
15~30%를 유상으로 정할 수도 있다.

- **유상** : 달맞이 5g, 호호바 7g, 스위트아몬드 4g, 시어버터 3g, 몬타노브
   왁스 8g
- **수상** : 증류수 50g
- **첨가물** : 비타민 1g, 글리세린 2g, 콜라겐 1g, 에센셜오일(라벤더 3~5방울)

① 소독한 컵에 달맞이, 호호바, 스위트아몬드, 시어버터, 몬타노브 왁스를
   넣고 골고루 섞으며 75~85도로 가열한다.
② 증류수를 75~85도로 가열한다.
③ ②번을 ①에 부으며 골고루 빠른 속도로 저어준다.
④ ③에 에센셜 오일을 포함한 각종 첨가물을 넣고 골고루 섞어준다.
⑤ 소독한 용기에 담아 냉장보관하며 사용한다.

한방보습크림을 만든다면 당귀, 감초, 작약 등의 한약재를 오일이나 알
코올, 증류수 등에 우려낸 용액을 이용한다. 화장품에 기능성을 첨가하고자
백강잠(누에분말)이나 콜라겐, 태반 등을 넣을 때는 전체 양의 1~2% 정도
가 좋다. 에센셜 오일도 자신이 원하는 것으로 선택하면 된다.

무수(無水) 화장품

'無水' 화장품은 수분이 첨가되지 않기 때문에 화학방부제를 첨가하지 않아도 실온에서 1개월 이상 사용 가능하다. 따라서 여행 다닐 때 손쉽게 가방에 넣고 다닐 수 있어 편리하다.

천연화장품을 만드는 사람이라면 모든 제품이 온도에 따라 저장기간이 달라진다는 것을 알고 있을 것이다. 이 제품도 따뜻한 실내에서 오랫동안 놔두고 쓰는 것은 좋지 않다. 만약 한 달 이상 쓰게 될 것 같으면 냉장 보관하는 것이 좋다. 냉장 보관으로는 6~12개월 이상 사용할 수 있다.

1)주름 예방 나이트크림

종전에는 저녁 세안 후 얼굴에 아무것도 바르지 말도록 권했다. 그 이유는 아침부터 저녁까지 각종 방부제 등 화학물질이 많이 들어 있는 화장품에 도포되어 있었던 피부를 쉬도록 하기 위함이다.

그러나 천연화장품을 사용하는 사람들은 저녁에도 영양분이 풍부한 화장품을 얼굴을 비롯해 입술과 목에 충분히 바르고 취침할 것을 권한다. 아침에 일어나면 피부가 한결 부드럽고 윤택해지는 것을 느낄 수 있을 것이다. 잠잘 때도 피부는 영양이 풍부한 크림을 흡수하며 신진대사를 하기 때문이다.

피부는 하루아침에 좋아지는 것이 아니라 꾸준히 가꾸면서 아름다워지기를 기다려야 한다. 특히 노화기에 접어드는 피부(30대 이후의 피부)는 무더운 장마와 여름이 지나고 찬바람이 불기 시작하면 이슬비 맞은 명주치마처럼 쪼글쪼글해지는 것을 느낄 수 있다. 그것은 덥다는 핑계로 피부 관리를 소홀히 했기 때문이다. 그런 피부를 위해 먼저 영양분이 풍부한 나이트크림을 만들어 발라보면 어떨까? 이 제품은 약 95% 이상이 오일성분이므

로 바른 즉시는 기름기가 번들거린다. 그러나 10~20분 정도 경과하면 피부가 몽땅 흡수하여 번들거림이 없어진다. 또한 눈가나 입술이 건조하거나 틀 때에도 주저하지 말고 사용해도 좋다. 어떤 이는 피가 보일 정도로 갈라지는 발뒤꿈치에 꾸준히 발라줬더니 자신도 모르게 낳았다고도 한다. 또 다른 이는 물을 많이 접하는 여름이면 손톱 사이가 벌어지며 욱신욱신 곪는 증상이 있었는데 이 제품을 쓰면서 그런 증상이 없어졌다고 한다. 이처럼 단점보다 장점이 더 많으므로 열심히 만들어 아름답고 탄력 있는 피부로 가꿔보기 바라는 마음이다.

건성 또는 노화피부용

- **유상** : 달맞이유 12g, 호호바유 10g, 시어버터 10g, 동백유 12g, 맥아유 15g, 라놀린 10g, 몬타왁스 5g, 비즈왁스 3g

  ※ 왁스 종류는 전체 양의 10~15%를 첨가할 수 있다.

- **첨가물** : 자몽추출물 1g, 글리세린 3g, 올리브리퀴드 2g, 콜라겐 1g, 에센셜 오일(로즈마리 5방울, 티트리 2방울)

① 유상을 내열 용기에 넣고 75~80도까지 가열한다(약한 불에 가열).
② 왁스가 80%이상 녹으면 열기구에서 내려놓고 저어준다.
③ 40도 이하로 내려갈 때까지 같은 방향으로 빠르게 계속 저어준다.

④ 40~35도 이하로 내려가면 첨가물을 모두 넣고 골고루 섞이도록 저어
  소독한 용기에 굳기 전에 담는다.

라놀린은 양털에서 추출한 오일이므로 동물성 털 알레르기가 있는 이는
첨가하지 않는 것이 좋다.

건성 또는 피부 이상용

- **유상 :** 올리브유 10, 시어버터 6, 동백유 7, 라놀린 2, 달맞이유 15, 비즈왁스 5
- **첨가물 :** 비타민E 1, 카렌듈라 1, 클리세린 2, 에센셜 오일(캐모마일 2방울,
  라벤더 3방울)

① 유상을 내열 용기에 넣고 75~80도까지 가열한다(약한 불에 가열).
② 왁스가 80% 이상 녹으면 열기구에서 내려놓고 저어준다.
③ 40도 이하로 내려갈 때까지 같은 방향으로 빠르게 계속 저어준다.
④ 40~35도 이하로 내려가면 첨가물을 모두 넣고 골고루 섞이도록 저어
  소독한 용기에 굳기 전에 담는다.

2) 명도별 무수(無水) 파운데이션

무수 파운데이션으로 간단하게 화장을 마치면서도 상큼하고 아름다운
얼굴이 거울에 비친다면 하루가 즐거울 것이다. 많은 직장여성들이 아침이
면 얼굴을 단장하느라 아침밥을 거른다. 무수 파운데이션을 선택한 이들은
화장품 바르는 시간을 단축하여 상쾌한 기분으로 아침밥을 든든하게 먹고
갓 피어난 장미꽃처럼 아름다운 얼굴로 일터에 나갈 수 있어 행복하다.

세안 후 스킨로션이나 밀크로션 중 한 가지만 바르고 곧바로 무수 파운

데이션을 골고루 펴 바른다. 이 제품에는 콜라겐, 비타민E, 자외선차단제를 비롯하여 각종 영양분이 풍부한 천연재료를 선택했으므로 자외선차단제를 따로 바르지 않아도 된다. 한 가지만으로 영양, 보습, 자외선차단 세 가지 효과를 한꺼번에 누릴 수 있는 아주 편리한 화장품이다. 이 제품을 바른 후 눈썹이나 립스틱 등 기타 취향에 맞는 색조화장만 하면 끝이다.

종전의 파운데이션은 얼굴에 발랐을 때 피부와 겉도는 현상이 많았다. 그런 현상을 막기 위해 여러 가지를 바르며 많은 시간 공을 들인다. 어떤 때는 많은 시간과 정성을 들였는데도 외출 중에 거울을 보면 보기 흉할 정도로 얼룩지거나 피부가 들 떠 있다. 여름철 땀이 많이 날 때는 땀에 묻어나와 얼굴이 말할 수 없이 지저분해지기도 한다. 또한 그날그날 건강상태나 피부 조건에 따라 부착력에도 차이가 났다. 같은 제품이라도 어떤 날은 부착력이 좋아 밀착이 잘되지만 어떤 날은 그렇지 않아 짜증스러울 때도 있다. 아무리 신경을 써서 발라도 마음에 들지 않아 거울 앞에서 고민을 하게 되는 날도 잦다. 뿐만 아니라 바를 때는 만족했다 하더라도 활동 중에 땀이라도 흘러내릴 때는 화장품이 같이 흘러 자주 거울을 보며 고쳐야 했다.

그런 단점을 보안하여 새로 개발한 것이 무수 파운데이션이다. 본 제품은 글자 그대로 수분이 첨가되지도 않지만 물을 흡수하지 않기 때문에 땀에 젖어도 피부에서 분리되지 않는 장점이 있다. 토코페롤 등 피부에 좋은 영양성분과 좋은 오일을 주원료로 배합했기 때문에 피부를 편안하고 안정되게 한다. 외출에서 돌아와 곧 바로 화장을 지우려고 서두르지 않아도 된다.

무수 파운데이션의 역할

파운데이션은 색조메이크업의 일종이며 색조메이크업에는 립스틱, 볼연지, 아이라이너, 마스카라, 아이섀도, 아이브로 등이 있다. 그중에 여기에 소개되는 파운데이션은 피부색을 조정함과 동시에 피부를 밝게 해주며 기미, 주근깨 등 피부의 결점을 감춰준다. 그리고 피부의 건조를 막아주고 광택과 탄력, 투명함을 주며 자외선으로부터 피부를 보호하는 역할을 하기 때문에 메이크업 화장품 중에 가장 많이 쓰이는 제품이다.

여기에 소개되는 주재료들은 천연 소재의 클레이(점토)로 만들며, 색상도 클레이의 천연 색상 그대로 조합하기 때문에 전혀 화학합성색소를 첨가하지 않는다. 클레이 종류는 카올린화이트 클레이, 프렌치화이트 클레이, 벤토나이트 클레이 등이 있으며 이러한 것들은 핑크색을 비롯하여 레드, 그린 등의 천연 색상을 가지고 있어 그것들의 자연 색상을 선택하여 자신에게 알맞은 색깔을 조합할 수 있으므로 피부에 무리를 주지 않는 특성을 가졌다.

파운데이션의 기본 타입 농도

왁스 종류	첨가물 + 오일 전체 양의 7.0~10%
분상	오일 전체 양의 90~98%
각종 에센셜 오일(Eo)	전체 양의 0.03~0.5% (100g에 10~15방울)
로즈힙, 비타민E, 콜라겐 등 각종 영양제	전체 양의 1.0~2.0%

에센셜오일은 제품이 100g 기준일 때 5~10방울이면 적당하다.

우리나라에서 주로 쓰이는 자외선 차단제

성분명	차단자외선	성분명	차단자외선
파라아미노안식향산	UVB	부틸메톡시디벤조일메탄	UVA, UVB
신나메이트	UVB	옥틸트라존	UVB
살리실이트	UVB	3-(4-메틸벤질리딘)-캄파	UVB
베조페논	UVA	티타늄디옥사이드	UVA, UVB
안트라닐레이트	UVA, UVB	징크옥사이드	UVA, UVB

무수 파운데이션 제조할 때 자외선 차단제는 주로 징크옥사이드와 티타늄 디옥사이드를 첨가한다.

자외선 차단제 첨가량 한계

자외선 차단제	들어가는 양
징크옥사이드, 티타늄 디옥사이드 등	분상 전체 양의 10~25%

　무수 파운데이션을 만들 때 분상은 첨가물과 오일을 포함한 전체 양의 90~95% 넣으면 적당하다. 예를 들어 첨가물+오일=100g일 때 분상 총량은 90~95g이면 적당하다. 색상은 클레이의 색상에 따라 조절이 가능하므로 파운데이션 1호를 기본으로 만들어 본 다음 자신이 원하는 색상을 만들면 된다. 오일의 종류도 여기 나열된 것만을 고집하지 않아도 되므로 자신이 쉽게 구할 수 있는 것을 사용해도 좋다.

　주방에서 쓰이는 식용유 중에 고소한 향이 짙은 참기름 들기름을 제외한 콩기름이나 옥수수기름 또는 올리브유나 포도씨유 등을 사용해도 좋다. 천연화장품에 들어가는 오일 종류는 모두가 식용으로 가능한 것을 사용하기 때문에 우리가 먹을 수 있는 오일이라면 어떤 것도 가능하다.

- **분상(클레이 종류)** : 그린 8g, 레드 8g, 화이트 8g, 핑크 3g, 콘스타치 3g
- **유상** : 해바라기유 7g, 살구씨유 10g, 포도씨유 13g, 시어버터 5g, 몬타노브왁스 5g
- **자외선차단제** : 징크옥사이드 3g, 티타늄디옥사이드 3g
- **첨가물** : 비타민E 1g, 글리세린 1g, 콜라겐 1g, 에센셜 오일(본인이 원하는 것, 라벤더 3방울, 기타 2방울)

- **분상(클레이 종류)** : 그린 10g, 레드 8g, 화이트 5g, 핑크 3g, 콘스타치 2g
- **유상** : 해바라기유 8g, 살구씨유 12g, 포도씨유 7g, 카놀라유 2g, 시어버터 5g, 이멀시왁스 3g
- **자외선차단제** : 징크옥사이드 3g, 티타늄디옥사이드 3g
- **첨가물** : 비타민E 1g, 글리세린 1g, 콜라겐 1g, 에센셜 오일(본인이 원하는 것, 유칼립투스 3방울, 기타 2방울)

① 분상과 자외선 차단제를 넓은 그릇(볼)에 계량하여 고운채로 10회 이상 내려준다(알뜰주걱으로 밀어 내듯이 꼭꼭 눌러 하얀 색깔이 보이지 않을 때까지 내려줌).

② 유상을 내열용기에 계량하여 왁스가 완전히 녹을 때(70~80도)까지 가열한다(왁스류가 80% 이상 녹을 때 열기구에서 내려놓고 저어줌).

③ ②의 가열된 유상을 열기구에서 내려놓고 60도 이하로 내려갈 때까지

같은 방향으로 계속 저어준다(빠른 속도로 저어줄 것).

④ ③에 ①의 분상을 붓고 40도 이하로 내려갈 때까지 골고루 섞이도록 잘

　저어준다.

⑤ 마지막으로 각종 첨가물을 넣고 신속하게 희석하여 굳기 전에 소독한 용

　기에 담는다.

　자외선차단제의 비율은 계절에 따라 결정할 수 있는데 봄부터 가을까지

는 대개 전체 양의 25% 정도를 넣는다.

　왁스 종류(비즈왁스, 몬타노브 왁스 등)를 통해 제품의 경도를 조절할 수

있어 취향에 따라 더 넣을 수도 있고 덜 넣을 수도 있다. 보통 여름에는 실

온에서 10~13%까지 가능하나 겨울에는 7~10% 넣었을 때 촉감이 좋다.

유상(오일)의 온도가 70도 이상일 때 분상을 넣으면 클레이와 섞여 있는 콘스타치(녹말가루)가 응고되어 파운데이션으로서의 품질이 손상된다.

기타

벌레 젤(해충에게 물리거나 쏘였을 때)

- **유상** : 아보카도유 8, 달맞이유 5, 시어버터 5, 스위트아몬드유 7, 비즈왁스 4
- **첨가물** : 카렌듈라유 4, 올리브리퀴드 1, 비타민E 1, 에센셜 오일(라벤더 1 방울, 캐모마일 1방울, 티트리 7방울, 페퍼민트 12방울)

  ※ 가려움증엔 페퍼민트, 벌레 물린 데는 라벤더가 좋다.

① 유상을 내열 용기에 넣고 75~80도까지 가열한다(약한 불에 가열).
② 왁스가 80%이상 녹으면 열기구에서 내려놓고 저어준다.
③ 40도 이하로 내려갈 때까지 같은 방향으로 빠르게 계속 저어준다.
④ 40~35도 이하로 내려가면 첨가물을 모두 넣고 골고루 섞이도록 저어 소독한 용 기에 굳기 전에 담는다.

립밤

- **유상** : 코코아버터 25, 호호바유 10, 살구씨유 15, 피마자유 7, 비즈왁스 (밀랍) 20
- **첨가물** : 글리세린, 비타민E 1, 에센셜 오일(스위트 오랜지 15방울, 또는 본 인 취향에 따라 향과 양 조절)

① 유상을 내열 용기에 넣고 75~80도까지 가열한다(약한 불에 가열).

② 왁스가 80%이상 녹으면 열기구에서 내려놓고 저어준다.

③ 40도 이하로 내려갈 때까지 같은 방향으로 빠르게 계속 저어준다.

④ 40~35도 이하로 내려가면 첨가물을 모두 넣고 골고루 섞이도록 저어 소독한 용 기에 굳기 전에 담는다.

립밤 등에는 왁스 종류를 12~30% 넣으면 좋다. 호호바유는 입술 트임 을 막아주기도 하지만 상처 난 입술을 치유시킨다.

모기 벌레 퇴치스프레이

모기가 싫어하는 향은 계피 향을 비롯하여 시트로넬라, 레몬그라스, 로 즈마리, 제라늄, 라벤더, 유칼립투스, 펜넬, 페니로얄민트 등으로 알려졌다. 에센셜 오일 등을 이용하여 모기나 해충 퇴치액을 만들어 여름을 편안하게 보내기 바란다.

▶ 1호

• **수상** : 증류수 50g, 에탄올(알코올) 50g

• **에센셜 오일** : 라벤더 5방울, 페퍼민트 5방울, 레몬그라스 5방울, 제라늄 5방울, 시트로넬라 1g

▶ 2호

• **수상** : 증류수 50g, 에탄올(알코올) 50g

• **에센셜 오일** : 라벤더 10방울, 로즈마리 10방울, 시트로넬라 1g

① 에센셜오일 소독한 스프레이병에 넣고 골고루 희석한다.

② ①에 에탄올을 넣고 희석한다.

③ ②에 증류수를 두 번에 나눠 넣으며 희석한다.

아기(baby) 천연 파우더

▶ 1호

- **분상** : 카오링 클레이 50g, 옥수수녹말 또는 감자녹말 50g
- **에센셜 오일** : 라벤더 3방울, 캐모마일 15방울

▶ 2호(습진, 땀띠) 성인용

- **분상** : 옥수수녹말 또는 감자녹말, 도토리녹말 50g, 박하분말 5g, 구연산 3g
- **에센셜 오일** : 캐모마일 7방울, 라벤더 3방울

① 재료를 모두 혼합하여 양손으로 비빈다.

② 고운 체로 여러 번 내린다.

③ 소독한 분통에 담아두고 살의 겹치는 부분에 발라준다.

　　2호는 습진이나 땀띠 등으로 피부에 이상이 있을 경우 처음 바를 때는 화끈거리거나 따가운 느낌이 든다. 그러나 1일 1~2회 2~3일 정도 발라주면 상처가 빨리 아물며 습진도 말끔히 없어진다. 특히 땀이 많은 여름에 남녀노소 모두 엉덩이 살이 겹치는 부분과 서혜부(사타구니)에 습기가 많을 때 좋다.

　　요즘은 화장품의 명칭이나 첨가물들이 외국어로 되어 있어 듣기에 생소한 것들이 많다. 화장품 자체가 외국에서 먼저 발달해 우리나라에 들어온

이유도 있겠지만 그런 용어를 사용함으로써 색다른 느낌을 주기 때문인지도 모른다. 시대의 흐름에 따라 자연환경이나 생활환경이 변하는 것처럼 사람의 의식도 변하고 그에 따라 보는 것에 대한 느낌이나 듣는 것에 대한 느낌도 변하기 때문에 언어도 기존의 것보다는 새로운 것을 선호하게 되는 것은 당연한 것이다.

사람들은 화장품도 기존의 것보다 더 좋은 것을 소원하고 거기에 맞춰 그것의 명칭도 기존의 것보다 월등하게 세련되기를 바란다. 그래서 화장품의 종류나 명칭도 새로운 것을 찾으려고 열망하는지도 모른다. 사실 그 열망은 인류가 무한한 발전의 무대에 올라가는 디딤돌이 되었을 것이다. 또한 그로 인해 천연화장품이나 천연비누가 이 땅에 탄생했을 것이다.

천연화장품 재료의 용어[*]

캐리어 오일 식물성 오일

인퓨즈드 오일 건조한 허브나 한약재 우려낸 식물성 오일

플로럴 워터 각종 허브에서 수증기 증류법으로 추출한 농축액

인퓨전 건조한 각종 한약재나 허브를 우려낸 물(냉수에 우림)

디콕션 한약 달이듯 허브나 한약재를 달여낸 물

팅처 건조한 한약재나 허브 또는 과일을 우려낸 알코올

클레이 심층 점토(흙가루)

고마주(gommage) 지우다. 미용에서는 각질 제거를 뜻함

그라데이션(gradation) 밝은 것에서 차츰 어두워지게 만드는 것을 뜻함

글로스(gloss) 광택이나 윤기를 뜻한다. 즉, 입술의 윤기

노멀 스킨(normal-skin) 중성피부를 뜻함

뉴트럴(neutral) 화장품에서 '중성'을 뜻한다(산성이나 알칼리성이 아닌 중성). 화장품에서는 회색을 말한다.

다크 서클(dark circle) 눈 밑의 어두운 부분, 즉 눈 밑의 칙칙한 색깔

나노 스페어 '나노'란 10억분의 1입자의 크기로 미세한 입자. 따라서 피부 침투 및 피부에 유효성분이 지속적으로 공급 되는 과정

※ '나노'라는 단어가 들어간 것은 10억분의 1이란 미세한 입자를 말한다.

나노테크놀리지 미세 입자 만드는 기술로 유효성분이 피부에 빠르게 흡수되고 효

---

[*] 화장품성분학 『화장품 관련 미용용어해설』, pp.264-279

과가 지속되는 최신 기술

꽁뚜르(contour) '주위의'라는 뜻으로 그 부위가 아닌 주위에 발라주어야 한다는 의미

나리싱(nourishing) 영양크림에 많이 사용되는 단어, 유분과 수분을 함께 공급해주는 제품을 의미

데마끼앙(demaquiant) '메이크업을 지운다'는 의미로 클렌징 제품에 주로 쓰임

드라이 스킨(dry-skin) 건성피부

디펜스(defense) 방어한다는 의미. 'wrinkle defense'는 주름방지 제품

땅(teint) 얼굴의 피부색을 일컫는 말로 주로 피부색을 정돈해주는 파운데이션에 사용

레브르(levres) '입술'이라는 뜻으로 립스틱, 립 클렌징 전 제품에 사용

레제네랑(regenerant) '재생하는'이란 뜻으로 피부세포를 재생해 영양을 주는 제품

루즈(rouge) 영어의 립스틱에 해당

로씨옹(lotion) 로션이 아니라 워터타입 화장수

리드(ride) '주름'이라는 의미

리퀴드 파운데이션(liquid foundation) 묽은 액체상태의 파운데이션

링클(wrnkle) 주름

매트(mate) 뽀송뽀송한 상태를 말하며 번들거림이 적은 파운데이션이나 립스틱에 쓰임.

모이스쳐라이징(moisturising) '수분을 공급하다'라는 의미로 보습기능이 강화된 제품에 사용되는 용어

부르밍 '꽃이 만발하다'라는 뜻으로 분이나 파운데이션 화장 후 피부가 곱게 피어나 보임.*

---

* 화장품성분학 『화장품 관련 미용용어해설』, pp.264-279

천연제품에 첨가되는 것들[*]

수상(물) 정제수, 증류수, 에틸알코올

유상(eo 포함) 식물성 유, 동물성 유, 왁스류, 에스테르류, 탄화수소류

유화제(오일계열과 워터계열이 잘 섞이게 함) 쟁탄검, 팩틴, 왁스류 등

방부제와 살균제 토코페롤(비타민E)

산화방지제 : 상승제

고분자 화합물 : 점증제, 피막제, 기타고분자 화합물

색소 : 천연색소와 인공색소

향료 : 천연향료(허브) 에센셜 오일(eo)과 합성오일

자외선차단제와 자외선 흡수제 : 티타늄디옥사이드, 징크옥사이드 등

기능성 원료(천연 기능성 원료) : 노화 방지, 미백, 항염, 보습

각종 한약재 : 기능성 향상을 위한 당귀, 천궁, 감초 등등 다양

프로랄 워터의 종류와 성분

워터종류	성분 및 효과
하드로졸	에센셜 오일을 추출할 때 생긴 것(로션이나 크림 만들 때 워터베이스로 사용)
로즈워터	진정작용. 지친 피부 활성화. 건조한 피부에 영양과 수분 공급. 염증성, 민감성 피부에 좋다. 눈이 아프거나 자극을 받았을 때 거즈에 묻혀서 눈꺼풀에 올려놓으면 진정됨
라벤더워터	모든 피부에 적용. 피부 진정 효과 뛰어남. 면도 후 손상된 피부 진정. 습진·건선·염증피부에 효과. 심리적 불안 상태 진정. 호흡기 감염에 효과
카모마일워터	염증이나 민감성 피부에 탁월. 아기들에게도 안정적. 햇볕에 그을린 피부 진정. 숙면에 도움. 코 점막의 이상에도 효과

[*] 화장품성분학 『성분용어해설』, pp.148–253

위치헤이즐	천연 수렴 화장수. 스킨 프레시 토너. 지성피부와 염증피부에 효과. 화장품이나 베스붐으로 적합
알로에 베라	세균과 곰팡이에 대한 살균력. 독소 중화. 화상이나 외상에 효과. 건성피부와 지성피부 중성화. 피부 보습 효과
로즈마리워터	지성피부에 가장 많이 쓰임. 로션이나 크림의 워터베이스
티트리워터	강한 항균작용. 피부 상쾌함. 지성피부용 스킨으로 좋음
페퍼민트워터	햇빛으로 화끈거린 피부 식혀 줌. 면도 후 사용. 물에 섞어 양치액으로 적합
자스민워터	거칠고 건조한 피부에 영양과 수분 공급. 모든 피부에 적합. 건조해서 손상된 피부나 민감성 피부의 진정과 회복 효과
버가못워터	거칠고 건조한 피부에 영양과 수분공급으로 생기 있는 피부 만들어 줌. 소독작용. 지성피부나 스트레스성 여드름, 습진에 효과
네롤리워터	은은한 오렌지향. 섬세한 향기가 안정감과 편안함을 준다. 건성피부와 민감성피부에 효과. 심신의 스트레스 완화 및 감정 고양
사이프러스워터	지성피부용
일랑일랑	거칠고 건조한 피부에 영양과 수분공급. 피지 샘을 조절해서 지성·건성 피부에 효과, 피부 진정

에센셜 오일의 특성표[*]

에센셜 오일	향	정서	피부	주의
그레이프프루트 (Grapefruit)	달콤, 날카로움, 산뜻한 향	스트레스, 우울증해소, 편두통 치료 효과, 생리증후군	여드름피부, 지성피부에 효과적, 부종 제거, 지방 분해. 살균효과	사용 후 강한 햇볕은 피부에 자극
네롤리 (Nerolri)	달콤하고 톡 쏘는 향	가슴 두근거림 및 긴장 완화, 불안, 불면증, 두통, 현기증 감소	민감성 피부, 피부 노화, 살균, 세포재생 효과, 건성피부에 효과적	
니아울리 (Niaouli)	신선하고 달콤한 향	두통 개선, 우울증 다스림	피부조직 팽팽, 알레르기 및 천식 완화, 치질에 효과적	10세 미만 어린이와 임산부는 사용 금지
라벤더 (Lavender)	풍부한 향, 발산향, 진정 완화효과	스트레스, 우울증해소, 불면증, 두통, 편두통 치료	방부효과, 여드름, 피부염, 종기, 습진, 벌레 물린 데, 무좀, 마른버짐, 상처 치료, 주름살 예방	임신 중에는 많이 사용하지 않는 게 좋다.
레몬 (Lemon)	시원한 느낌. 신선한 과일 향	기분 증진, 두통과 편두통 완화	기름진 피부, 상처 난 피부, 지성피부의 각질 제거, 모발 세정, 멍든 데 치료	민감성 피부에 자극
레몬그라스 (emongrass)	신선한 레몬향	두통 치료, 우울증 개선, 모공 축소 효과 탁월	여드름, 무좀, 마른버짐 치료, 소독, 탈취, 머릿니 제거, 가축의 질병 치료, 기름진 모발 관리	피부에 예민하게 반응하므로 소량 사용할 것

[*] 화장품성분학 『천연기능성 오일』, pp.204-210

에센셜 오일	향	정서	피부	주의
로즈 (Rose)	우아한 장미향	감정 조절, 우울증 치료, 질투심 조절, 스트레스 제거, 수면장애 해소	복합성 피부 진정효과	생리조절 기능이 있으므로 임신 중에는 사용을 금함
로즈마리 (Rosemary)	톡 쏘는 향	기억력 자극, 두통이나 심신의 균형 조절, 뇌를 활성화시키는 효과	두피 개선, 모발성장 촉진, 피부 청결 유지, 수렴효과, 비듬, 탈모방지	임신 초기 (5개월 미만), 고혈압, 간질환자 사용금지
마조람 (Majoram)	달콤한 향	진정, 스트레스, 불면증, 진통제 효과	타박상, 화상, 염증치료에 효과	많은 양을 사용할 경우 졸음
만다린 (Mandarin)	부드럽고 우아한 향	신경과민성, 불면증, 우울증 개선 효과	피부톤에 활력 증강, 세포 활성화, 살균, 강장, 혈액순환 촉진	햇볕에 노출되면 피부를 자극하거나 검게 탐
버가못 (Bergamot)	가볍고 상쾌하고 산뜻한 향	불안과 실망감 완화	소독, 여드름, 두피와 피부의 지루 개선에 효과	감광성이 있으므로 민감한 피부에 사용 금지
샌들우드 (Sandalwood)	기분 상쾌하게 하는 향	긴장 해소, 안정감	건성 피부에 효과적, 노화 방지 및 주름살 완화, 마른버짐, 햇볕에 탄 데 효과적, 기저귀 발진	최음효과가 강하므로 우울증에는 금물
시나몬 (Cinnmon)	스파이시향. 강렬한 향	기분 북돋아줌, 남성용품에 많이 사용	벌레 물린 곳, 혈액순환 촉진	임산부 사용 금지, 알레르 기 반응 테스 트 후 사용
시더우드 (Cedarwood)	깊은 나무향이 그윽하고 상쾌	불안과 긴장 완화, 진정작용	항염효과 탈모와 비듬 방지, 방부, 살균작용 뛰어남	임신 중에는 사용금지, 고농도로 사용 시 피부 자극

에센셜 오일	향	정서	피부	주의
오렌지스위트 (Orange Sweet)	달콤하며 생기 넘치는 향	우울증, 히스테리, 신경긴장 해소 효과	피부재생효과 탁월, 기미 완화, 식욕 증진, 장기능 강화에 효과적	사용 후 햇볕에 노출되지 않을 것
유칼립투스 (Eucalyptus)	날카로운 향, 캠퍼향	에너지 증강, 정신기능 자극, 늘어짐 방지	지성피부 해소, 머릿니 제거, 종기 및 여드름에 효과	고농도로 사용 금지, 반드시 희석해서 사용, 고혈압, 간질환자 사용 금지
일랑일랑 (Ylang Ylang)	감각적이고 이국적인 느낌의 향	정상적인 혈압 유지, 가슴 두근거림에 효과, 통증 완화	피지샘 조절, 두피를 자극하여 발모 촉진. 호르몬조절기능	희석해서 사용
재스민 (Jasmine)	깊고, 달콤하고, 오래 감, 상쾌하고, 이국적인 느낌	최음효과, 불안, 우울증, 무기력증, 자신감 결여 해소	모든 피부에 맞으며 피부 탄력 강화	임신 중에는 사용 금지
제라늄 (Geranium)	풍부하고 달콤한 향	기분 상승시키는 효과, 행동장애 및 스트레스 해소 효과	수렴, 항균작용, 염증 완화, 건성 습진, 머릿니, 비듬, 여드름 제거, 주름살 완화, 피부 청결 유지	호르몬 조절 효과가 있으므로 임신 중 사용 금지
로만캐모마일 (Roman Chamomile)	사과향, 가볍고 날카로운 향	불안감, 스트레스, 우울증, 히스테리증세 완화	어린이 피부에 적합, 건성, 여드름, 습진, 화상 등 피부 염증에 효과	과다사용 시 피부에 자극
티트리 (Tea Tree)	시원하고 부드러운 향	쇼크 후 회복에 도움	종기, 화농성 피부, 여드름, 화상, 햇볕에 그을린 피부 진정, 무좀, 습진, 비듬, 기저귀 발진에 도움	피부에 자극을 줄 수 있다.

에센셜 오일	향	정서	피부	주의
파인 (Pine)	날카롭고 상큼한 향	집중력에 도움, 정신적 피로, 삼림욕 효과	습진, 마름버짐, 트거나 갈라진 피부에 효과	민감한 피부를 자극하는 수가 있으므로 소량 사용
페퍼민트 (Peppermint)	가볍고 시원한 향	심신에 활력	세정 작용, 가려움증, 지성피부 조절. 얼굴 홍조 해소	가려움증을 유발할 수 있으므로 희석해서 사용
프랑킨센스 (Frankincense)	나무향과 스파이시향	기분 고양, 위안 효과	주름 제거, 노화 억제, 피부 회복	인체에 해가 없는 안정적인 오일
히솝 (Hyssop)	그윽한 향. 마조람, 라벤다향과 유사	호흡기 질환에 효과	상처, 타박상, 피부염, 습진에 효과	과다 사용 시 마취효과가 있으므로 양 조절에 유의
사이프러스 (Cypress)	맑고 상쾌한 향. 다소 자극적	불면증 치료효과	지혈작용, 세룰라이트, 지성피부, 수분이 부족한 피부에 효과	
팔마로사 (Palmarosa)	약한 장미꽃 향기	무력증치료 효과	과다 사용 시 마취효과 있으므로 양 조절에 유의	

유노하나의 특성(유황온천에서 생산)

• 피부가 매끄럽게 유지

• 거친 피부나 아토피

• 유아의 아토피

모발용

종류	특징
폴리쿼터	• 모발의 흐트러짐 방지, 손상된 모발과 감촉 개선 • 샴푸 또는 린스에 필수적으로 첨가
판테놀	• 모발에 영양공급, 건성두피에 사용하면 모발 뿌리까지 영양을 공급하여 모발을 윤택하게 한다. 샴푸에 1~5% 사용 가능
LES(계면활성제)	• 야자유와 호박산으로 만듦 • 점성을 높여주며 거품을 부드럽고 풍성하게 함 • 샴푸, 폼클렌저, 바디클렌저에 사용
CDA(계면활성제)	• 풍부한 거품과 점도 조절 • 글리세린에 먼저 첨가하여 잘 섞어준 후 물을 조금씩 부으면서 섞어줌
코코베타인	• 코코넛에서 추출한 계면활성제 • 두피에 저자극성, 정전기 방지용 계면활성제, 점성제, 거품촉진제 • 필부 클렌저, 샴푸, 목욕제로 사용
실크아미노산	• 자외선 방어, 미백, 보습, 매끈매끈한 촉감, 광택 • 파운데이션에는 5% 정도 배합 가능
폴라센타	• 호밀배아에서 추출 • 린스에 사용
구연산(오렌지 계열 과일에서 추출)	• 화장품(피부와 모발)에 많이 사용 • 산도(PH)조절제 및 방부제(비누의 알칼리성 성분을 중화시킴)
동백유	• 모발 윤기 아토피, 보습효과, 자외선 차단작용, 올래인산 함유 • 끈적임이 없음
창포추출물	• 보습제로 마사지 효과 탁월 • 두피와 모발에 좋은 영양
디메치온	• 로션의 기름진 느낌 감소 • 샴푸에는 비듬 방지 • 두피를 매끄럽게 함

알로에 베라겔	• 보습성, 흡습성 양호, 스킨, 크림, 샴푸, 면도용 크림 등에 사용 • 노화 방지, 유독물질 분해, 혈액순환제
쟁탄검	• 점증제
석창포	• 탈모, 모발에 탁월
유카시데라 추출물	• 풍부한 거품과 습윤제 역할 • 모발을 재생, 모발 손상 방지
해나 추출물	• 두피 건강유지 • 비듬 예방 • 모발의 성장 촉진 및 코팅
네틀 추출물	• 두피보호(탈모 예방), 두피자극 완화, 두피와 모낭 층에 영양공급 으로 발모 촉진
살리실산(BHA)	• 피부표면에 지방 조절, 각질제거, 두피의 비듬 제거
에스피노질리아	• 비듬 제거, 탈모방지, 발모촉진, 지루성 두피 해소에 탁월한 효과
검은콩	• 백발과 탈모 예방
솔잎	• 모발 증진, 비듬, 탈모증, 동상 등에 탁월한 효과
하수오	• 살결을 곱게, 모발을 검게(백발치료 효과) 모발 윤기

한약재 첨가물

피부에 좋은 한약재에는 여러 가지가 있다. 율피, 창포, 진피, 토공용, 치자, 소맥, 대맥, 소두, 대두 등등 시간이 있는 이들은 참고삼아 동의보감이나 한의약사전 등을 읽어보면 비누 만드는 일 이외 일상생활에 더욱 도움이 될 것이다.

감초 해독작용, 피부 재생작용, 항 알레르기 작용, 진정작용, 억균 작용, 항암 작용

천궁 통증 완화 장용, 진정작용, 억 균 작용, 옹종 치유작용

당귀 진통 진정작용, 억균 작용, 타박상 치유, 옹종 치유작용

작약 진통작용, 지혈작용, 진경 진정작용, 해열작용, 항염작용, 항 궤양 등 염증제거 작용, 억균 작용, 루머티즘 성 관절염 완화작용

계피 해열작용, 진통작용, 항알레르기 작용, 해열작용, 항바이러스 작용, 억균 작용

어성초 실핏줄 강화작용, 강 억균 작용, 무좀 피부이상 등 각종 염증 완화작용(폐렴, 폐농양, 임질, 요도염, 방광염, 치루 등에 복용)

하수오 강장작용, 피로회복 촉진작용, 진정작용, 병후 쇠약, 백발, 변비, 학질, 연주창, 피부 이상(부스럼 등), 치질

별자 해열해독작용, 부기, 무친데, 혈당량 낮춤작용, 유종(乳腫), 연주창, 치질 완화

녹두 해독해열작용, 부종, 옹종, 단독, 이하선염

용규(까마중) 옹종, 창양, 타박상, 인 후두염, 악성 종양, 만성기관지염, 급성신장염, 각종 염증, 항암작용

참고문헌

김상조, 『은퇴자 인생 2막 설계 모티브』, 글로벌교육문화연구원, 2012

국민대학교 · 경상대학 고등학교마케팅, 두산동아, 2003

강주석, 『농촌가치의 이해와 중요성』, 글로벌교육문화연구원, 2012

과학백과사전종합출판사, 『東醫學事典』, 도서출판 까치, 1990

구도와 · 김정희 외 9명, 『녹색대안을 찾아서』, 출판사, 2008

박성호 · 김영길 · 최성출, 『화장품 성분학』, 훈민사, 2005

서울산업대학교, 『화장품 화학, 정밀화학과』, 서울산업대학교 출판, 2004

설악산 귀촌화두, http://cafe.daum.net/yyborane, 2011

신지은 · 박정훈 외 3인, 『세계적 미래학자 10인이 말하는 미래혁명』, 일성포켓북 2007

이진숙, 『텃밭과 함께 천연비누 만들기 천연화장품 만들기』, jnc커뮤니티, 2010

이홍주 · 이장욱, 『유비쿼터스 혁명』, 이코북, 2004

정지훈, 『무엇이 세상을 바꿀 것인가』, 주식회사 교보문고, 2012

허준, 『東醫寶鑑』, 南山堂, 1986

홍희경 기자, saloo@seoul.co.kr, 〈귀농 인을 찾아서〉, 서울신문, 2012

황도연, 『方藥合編』, 南山堂, 1989

사단법인 글로벌교육문화연구원 소개

2007년 글로벌교육문화연구원(www.rigec.or.kr) 창립(이하 '본 연구원')

2009년 본 연구원 비영리사단법인 허가 및 부설 국제평생교육원 설립인가

2007~2012년 본 연구원 창립기념 논문집 발간(통권 제5권) 및 학술대회 개최

2010~2012년 서울특별시청, 마포구청 등 우수평생교육프로그램 공모 선정

평생교육프로그램 수행

2011년 고용노동부 재직자(HRD) 직무능력향상프로그램 진행

2012년 친환경생활전문가 인증서(이진숙 선생님) 수여

국가평생학습계좌제 학습평가인정 7개 과정 합격(교육부장관 인정)

2012~2013년 시민인문학강좌 공모 선정 "다문화 휴머니티의 인문학강좌" 프로그램

수행(교육부/한국연구재단 지원)

2013년 다문화교육사 2급 양성과정 개설진행

학교폭력선도 교육사 2급 양성과정 개설진행

여성가족부 공동협력사업자 선정 "여성의 사회적 역량과 리더십강화 방안 모색"

프로그램 수행(여성가족부 후원)

법무부 사회통합프로그램 일반운영기관 선정 "한국어/한국사회의 이해과정"

프로그램 수행(법무부 지원)

이진숙

1971년 홍산농업고등학교(현 충남발효식품고등학교) 졸업

1985년 1회 공인중개사 자격증 취득

1997년 한국방송통신대학교 농학과 학사 취득

1999년 귀농(강원도 화천)

2008~2010년 천연비누 · 천연화장품 공방 운영

2009년 9월 살림출판사 친환경 생활수기 공모전 수상

2009년 11월 서정문학 수필 등단

2009년 12월 한맥문학가협회, 『월간 한맥문학』

　　　　　　　환경부 · 산림청 · 대림대학협찬 제1회 환경문예 공모전 수상

2010년 『텃밭과 함께하는 천연비누 만들기 천연화장품 만들기』

2012년 사단법인 글로벌교육문화연구원 전문가인증서 취득

2012년 2월~현재 글로벌교육문화연구원(부설 국제평생교육원) 전임강사

2013년 평생교육사 2급 자격증 취득(서울디지털문화예술대학교 총장)

2013년 다문화교육사 2급 자격증 취득(사단법인 글로벌교육문화연구원장)

2013년 5월 7일 제5회 환경보건 문예공모전 수상(환경부 주최)

2013년 7월 22일 귀농 · 귀촌수기 공모전 수상(한국임업진흥원 주최)

2013년 8월 서울문화예술대학교 평생교육 · 청소년학과 교육학사 취득

　　　　　　한국언어문화학과 문학사 취득

2013년 10월 한국어 교사 2급 국가 자격증 취득

귀농·귀촌 가이드북

농촌 가서
뭐하고 살지?

초판인쇄 2013년 11월 8일
초판발행 2013년 11월 8일

지은이 이진숙
펴낸이 채종준
기 획 이혜지
편 집 한지은
디자인 윤지은
마케팅 송대호

펴낸곳 한국학술정보(주)
주 소 경기도 파주시 문발동 파주출판문화정보산업단지 513-5
전 화 031-908-3181(대표)
팩 스 031-908-3189
홈페이지 http://ebook.kstudy.com
E-mail 출판사업부 publish@kstudy.com
등 록 제일산-115호(2000. 6. 19)

ISBN 978-89-268-5286-6 13330

이담
Books 한국학술정보(주)의 지식실용서 브랜드입니다.